RANDONNÉE

les chemins à suivre

@mphora

27, rue Saint-André des Arts - 75006 PARIS

À mes enfants Marie, Nina et Mathias

REMERCIEMENTS :

à Allibert (voyages), pour sa collaboration technique,
à Michel Vergès (accompagnateur Valgaudemar),
à Camp et Garmin, Lafuma, Inook,
au Champsaur-Valgaudemar qui a permis la réalisation
des photos.

MAQUETTE :

alphastudio (La rochelle)

ILLUSTRATIONS :

Roger CALMÉ

© Éditions Amphora, février 2011

IMPRIMÉ EN EUROPE PAR :

EPEL (Hendaye)

ISBN 978 2-85180-795-3

Sommaire

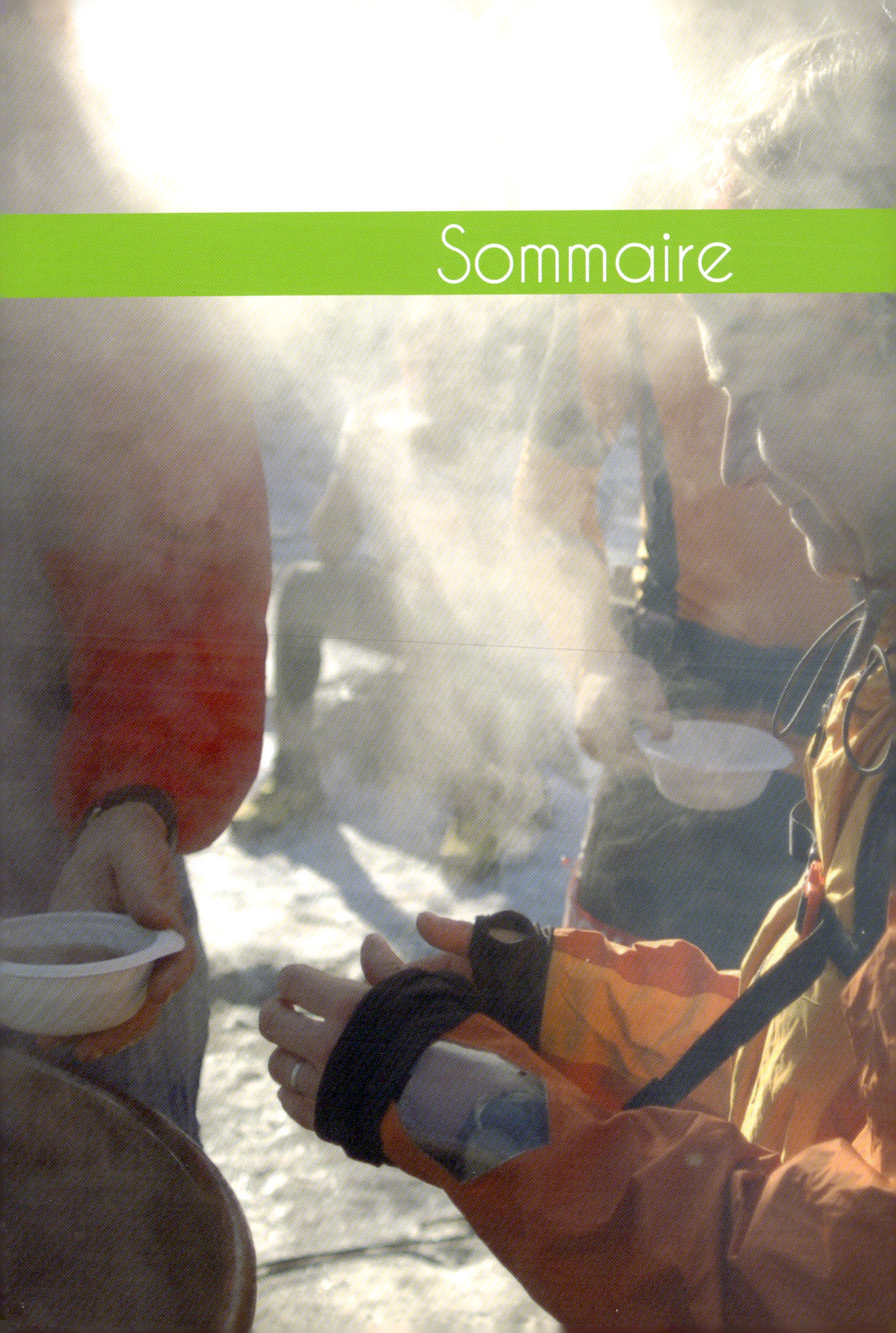

Introduction 8

Avant-propos 12

1 TECHNIQUE DE MONTÉE ET DE DESCENTE 14

2 GESTION DU TEMPS ET DES PARCOURS 22

3 PRÉPARATION PHYSIQUE 32

4 GESTION DE LA CARTE, BOUSSOLE, ALTIMÈTRE, GPS, ... 36

5 GESTION DE LA MÉTÉO (PLUIES, ORAGES, NEIGE, CHALEUR, ...) 50

6 GESTION DU TERRAIN (ROCHERS, NEIGE, TORRENTS, PENTES HERBEUSES, MAIN COURANTE...) 58

7 L'ACCIDENT ET LES SECOURS 66

8 GESTION DU GROUPE (SÉCURITÉ, IMPLICATION DE TOUS) 70

9 GESTION DE L'ALIMENTATION ET DE L'HYDRATATION 76

10 BIEN GÉRER SON SAC (À LA JOURNÉE ET SUR PLUSIEURS JOURS) 84

11 L'ENFANT ET LA MONTAGNE 90

12 SANTÉ, LES TRAUMAS DU RANDONNEUR (ŒIL, ENTORSE, PROBLÈME DE MÉNISQUE, AMPOULES...) 96

13 NUITÉE EN BIVOUAC 110

14	LE RESPECT DE L'ENVIRONNEMENT	114
15	LE TREKKING ET LA HAUTE ALTITUDE	120
16	LE DÉSERT	128
17	LA RANDONNÉE GLACIAIRE	134
18	LA RAQUETTE HIVERNALE	142
19	LE « NORDIC WALKING »	152
20	L'ÉQUIPEMENT (SACS, CHAUSSURES, MULTICOUCHES, COUCHAGE, TENTES, BÂTONS, RAQUETTES, GOURDES)	156

Annexe 1 — 174

Classification des sentiers GR, PR...	176
La Fédération Française de Randonnée Pédestre (FFRP)	178
Le Club Alpin Français (CAF)	179
La Fédération Française de Montagne et d'Escalade (FFME)	179

Annexe 2 — 180

| Lexique | 182 |

Bibliographie — 188

Introduction

Nomades

Marcher. Depuis combien de millénaires notre vie dépend-
elle de ce simple déplacement ? L'eau qu'il faut chercher,
la nourriture, les pâturages, le commerce, le besoin de
découverte nous remettent éternellement sur le chemin. Enfants
du désert, marchands arabes, moines chinois, caravaniers des
Andes : peu importe le lieu et l'histoire, il y a toujours une piste qui
s'ouvre. Et la randonnée, telle que nous la pratiquons aujourd'hui,
entretient à sa façon ce lien très ancien. Ces pas précurseurs...
Au sens où nous l'entendons, la marche semble néanmoins
d'une origine récente. Plus que l'étymologie (*a randon*) qui
évoque, au seizième siècle, la course folle d'un animal traqué,
beaucoup se réfèrent à Horace-Bénédict de Saussure (1758-
1792). Le naturaliste genevois a entretenu une vraie passion
pour le Mont-Blanc. Mais il affectionne tout autant les longues
excursions sur les chemins de contrebande, les sentiers de
cristalliers, le souvenir des voies romaines qui montent aux cols.
En fait, l'homme s'intéresse à toutes ces histoires aux lisières du
sentier. Et quand il quitte Chamonix, ses pas l'emmènent, avec
la même curiosité, vers le Vivarais, les Vosges ou le Jura. On
peut à la fois rechercher l'inconnu de l'altitude, mais apprécier
aussi la douceur, les mémoires d'une campagne, la beauté
d'un grand bois...
Une quarantaine d'années plus tard (1837) sera publié le
premier guide de rando. Un Allemand, Karl Baedeker (1801-
1859), s'intéresse ainsi à la forêt de Fontainebleau. Dans la

décennie suivante, les « sentiers Denecourt », premiers balisages du genre, s'engagent dans la même direction. Des associations commencent à se créer. Des ouvrages sont édités. Les mots (comme souvent) accompagnent le mouvement. Le plus bel exemple, sans doute, reste Robert-Louis Stevenson et sa bambée cévenole (1879). Mais il y en aurait d'autres encore, et de très lointains aussi, nourris à ce siècle de découvertes. Sahara, hauts plateaux tibétains, découvertes africaines, premiers défrichages himalayens, la marche et le voyage sont indissociables. Ils se renvoient les images, la mémoire, les envies. Un René Caillé, une Ella Maillart, un Théodore Monod ou un Harold Tillman participent directement à cette popularité. Parce qu'ils rendent le rêve possible, de la façon la plus simple, par la seule énergie du pas et de la pensée.

Une fois cette porte ouverte, l'histoire ne fait que s'accélérer. Bien avant les premiers GR® (1947), des sociétés de marcheurs mettent en valeur les sentiers, rouvrent des tronçons abandonnés, sécurisent ce qui devait l'être. Ce fut le cas dans les Vosges (1872), les Calanques marseillaises (1897) et le relief toulonnais (1899). À la même époque, des paysans montagnards bâtissent des auberges, se louent comme porteurs ou guides. Le tourisme de montagne est né, et avec lui une conception plus active de la marche. Plus engagée aussi.

Désormais, la notion de « voyage » est importante, mais tout autant la confrontation, l'ampleur du déplacement, les enchaînements de cols et de sommets. Physique, elle l'est, et technique tout autant. Un habitué du GR 20 corse, un amoureux des Écrins ou des grandes traversées pyrénéennes le sait. Pour ne rien dire des treks lointains, de l'Annapurna, du Khumbu, des Andes, des traces nordiques... En fait, ce n'est pas d'une randonnée au singulier qu'il faut parler, mais d'un pluriel de pratiques.

Et chacun(e) de trouver alors le chemin qui lui convient. Car c'est bien cette diversité des envies et des terrains qui caractérise désormais la pratique. Selon de récentes estimations (Carat sport 2005), 68% des Français la considèrent comme leur « sport favori »... devant le foot et le tennis. Pour ne citer que la FFRP (Fédération française de randonnée pédestre), plus de 3200 associations (et 205 000 adhérents) tiennent le terrain. Depuis les premiers guides topos, comme celui du Mont Blanc (TMB) en 1951, des centaines d'ouvrages ont été publiés. Quant au kilométrage de sentiers balisés, il atteint désormais les 180 000 kilomètres. Et ne pensez pas que la randonnée se limite au seul cadre hexagonal. Une association européenne travaille ainsi à harmoniser certains tracés (onze à ce jour). Du Cap Nord, des Carpates à l'Irlande, on peut marcher à l'infini (ou presque). Et que dire de l'économie générée ? Des hébergements adaptés, de l'accompagnement et des agences spécialisés, de la formation, de l'édition multimédia, des événements... La technicité des équipements et l'approche raisonnée de l'exercice n'ont cessé d'améliorer le confort de la pratique.

Pour les onze millions de Français qui le fréquentent, jamais le chemin n'a été aussi bien tenu. La modernité de la randonnée est là, dans sa capacité de réponse à toutes les curiosités. Du paysage, de l'histoire, de la mer comme de la montagne, de tous les âges, de tous les défis, un chemin donc... et un corps qui vous emmène. Ce sera d'ailleurs le propos de cet ouvrage : de nous rappeler les bons gestes, dans une approche raisonnée, respectueuse et un souci permanent de sécurité. Pratique ? Oui, parce que l'harmonie du voyage dépend aussi de cette maîtrise. La meilleure garantie de goûter pleinement à l'activité et aux décors dans lesquels elle s'inscrit.

Avant-propos

Le plus simple des gestes ? En partie, seulement. Si la marche est l'un des premiers apprentissages de la vie, sa pratique sportive (ou de loisirs) demande ensuite une approche spécifique. Outre un minimum de préparation physique et technique, elle requiert surtout une réelle maîtrise des paramètres inhérents au déplacement, quel que soit le lieu et par toutes les conditions. Comme les autres pratiques « outdoor », elle doit composer avec le terrain, plus ou moins difficile, les aléas météo, mais aussi la gestion de l'effort, l'alimentation et l'hydratation, le choix du matériel adapté comme du meilleur itinéraire. Rien de très complexe donc, mais plutôt une cohérence à trouver entre le pratiquant et le milieu dans lequel il évolue. Ce n'est pas de performance et d'excellence qu'il va s'agir, mais d'une harmonie entre le physique, le mental et ces espaces naturels. Bonne lecture donc, et surtout bonnes randos à venir !

Depuis que l'homme a pris la position verticale, ce mouvement de la marche semble le plus naturel : un pied devant l'autre, l'appui qui part du talon et se déplie vers la pointe, les bras en mouvement synchrone, mais opposé à celui de la jambe. Qu'écrire de plus ? Disons que c'est le terrain surtout qui va déterminer la qualité de l'appui, son amplitude, la pose d'une partie ou l'autre du pied. Et ce sont ces gestes bien maîtrisés qui vont vous épargner la fatigue, tout en donnant au mouvement une meilleure efficacité.

Sur sentier déjà, on peut éviter la partie ravinée. Le passage répété des marcheurs, le ruissellement des eaux ont délité le terrain, roulé les cailloux et les graviers... L'appui y est moins stable, moins précis. À l'inverse, sur la bordure, on retrouve un terrain plus accrocheur. Le geste gagne en efficacité. Et l'on évite en même temps une partie de la fatigue.

Autre attention, toujours sur cette phase de montée, la bonne amplitude. Comme en vélo, où l'efficacité passe par la modestie du braquet, la marche apprécie un pas réduit, et cela plus encore lorsque la pente s'accentue. Même précaution au moment de franchir une marche. Un trop grand pas et les muscles des cuisses, comme des mollets, doivent encaisser l'effort. En revanche, un petit appui, le plus léger, le plus précis possible, et ces ruptures de dénivelé se négocient plus aisément. Les bâtons de marche peuvent également participer à cette phase. Ils sont positionnés légèrement en avant et la poussée accompagne le franchissement d'un petit obstacle ou le simple pas. On poursuit le mouvement vers l'arrière (à la façon de la poussée en ski de fond), en relâchant (dragonnes passées ou non).

En fait, la montée doit être aussi harmonieuse que possible, dans un souci permanent d'économie. Elle ignore les efforts superflus, les ruptures de rythme. Sa modestie est une garantie de longévité.

Qui veut voyager loin...

Bon pas

Mauvais pas

Ce sont en gros les mêmes principes qui conditionnent une descente. Mais ici, plus que l'efficacité, domine surtout l'idée de sécurité. En descente, la précision permet d'éviter les déséquilibres. Les chutes possibles, les problèmes de cheville, de genou seront évités par cette vigilance aux appuis, comme au terrain. Il y aura donc une part d'anticipation importante, tout comme de réactivité au sol (proprioception).

Un appui, en descente, doit être équilibré, la semelle de la chaussure dans un contact optimal, que la gomme accroche et que le crantage bloque correctement le pied. On va donc anticiper visuellement l'endroit où poser l'appui, sur une surface la plus stable possible. La descente est un exercice mental autant que physique. Ne refusez pas la pente, engagez légèrement les épaules vers l'avant, et posez des appuis forts, pieds légèrement écartés. À proscrire, même si la pente est importante, le positionnement de côté, en « carres ». La chaussure ne porte plus que sur le bord externe de la semelle, et l'appui risque aussi de se dérober au niveau de la cheville.

Anticiper l'appui, le prévoir quelques mètres à l'avance, se positionner correctement, mais aussi garder une certaine dynamique à la pose du pied. Cet aspect proprioceptif, la capacité que l'on a à réagir lorsque l'« information » arrive au pied, garantit une plus grande sécurité. Enfin, pour minimiser les chocs à l'impact, l'usage des bâtons n'est pas superflu. Longtemps réfractaires à cette utilisation, les randonneurs hexagonaux s'en sont convaincus depuis. Un moyen très efficace de réduire les impacts au sol... et les possibles tracas aux genoux, principal traumatisme des pratiquants. La technique est simple. On pointe les bâtons sur un point aval, et on accompagne ainsi le mouvement, en s'appuyant sur les poignées. La réception s'opère alors en douceur, en réduisant la sollicitation de l'articulation et des muscles de la cuisse.

Comme pour la montée, la descente est donc un exercice harmonieux, mais elle doit conserver une certaine tonicité. Ce n'est pas de la course, certes, mais un mouvement dynamique et maîtrisé.

Évaluer le temps nécessaire à une randonnée participe aussi à la sécurité. Parce que les jours, en été comme en hiver, ont une durée, que la nuit improvisée n'est pas une formalité, et qu'il faut tout simplement rejoindre le rivage. Mais comment déterminer ce temps, sachant que tous les randonneurs n'ont pas la même condition, que le terrain peut être fort différent et que les conditions vont également varier ?

En terrain montagnard, il existe une bonne vieille règle selon laquelle la progression est en gros de 300 mètres positifs (montée) à l'heure et de 400 mètres en descente. Ce qui donne, pour une randonnée de 1500 m, un temps de 5 heures à l'ascension et de 3 h 45 à la descente, en y ajoutant une heure et demie pour les pauses et le repas du midi, un temps total de 10 h 15. Le départ devra donc être matinal, vers les 7 h 30, si l'on veut être rentré avant 18 h.

Ce calcul a l'avantage de la simplicité. Mais qu'en est-il si le terrain n'est pas strictement vertical et si l'on introduit une notion plus aléatoire, à savoir celle du niveau des participants ? Un enfant, un pratiquant aguerri, un senior n'ont pas le même rythme de progression.

On peut alors se baser sur une autre règle de calcul, souvent utilisée par les professionnels, guides et accompagnateurs, le **kilomètre-effort**. Celui-ci fait correspondre le kilomètre linéaire, à plat, et les cent mètres de progression en montée, puis additionne ces deux valeurs. Ce qui donne pour un parcours de 15 km et de 1500 m positifs (15 x 100 m), 15 + 15 = 30 km/effort. Et d'introduire maintenant la vitesse de progression. À raison de 3 km horaires (ou de

300 m + dans l'heure), le temps sera de 10 heures, auquel il faudra ajouter les pauses et le repas. On en arriverait alors à une durée totale de 11 heures 30. Un chiffre singulièrement différent du premier !

Bref, on s'évitera les maux de tête en prenant les randonnées très progressivement. Plus que le jeu mathématique, c'est l'expérience qui détermine une bonne évaluation. Et la modestie aussi. Rappelez-vous simplement que le plus lent dans un groupe détermine la vitesse, et composez vos parcours en conséquence, en privilégiant des départs matinaux. Ce qui vaut toutes les calculettes du monde !

LE DÉNIVELÉ

Même s'il ne représente qu'une part de la difficulté d'une randonnée, le dénivelé détermine toujours le premier critère d'estimation. On peut tout de même nuancer la chose en prenant aussi en compte la difficulté de la pente, son exposition, le fait qu'elle soit continue ou une succession d'obstacles à enchaîner... Une montée ininterrompue de 1500 mètres ne sera jamais perçue comme l'est un enchaînement de côtes de 300 à 400 mètres. Au final, le dénivelé est bien de 1500 mètres positifs, mais l'impact musculaire n'est pas le même.

Pour obtenir le dénivelé positif de la randonnée, il suffit de prendre le point le plus bas (départ) et le point le plus haut (but), et d'en calculer la différence, qu'il s'agisse d'une montée continue ou de la somme des côtes permettant d'atteindre ce point haut. Le calcul du dénivelé négatif s'établit de la même façon (du haut vers le bas, en négatif). Une fois ce nombre établi, on peut avoir une première idée de la difficulté

physique de la rando. Et de déterminer aussi approximative-
ment le temps de réalisation, sur base de 300 à 400 mètres
positifs par heure. Rappelons juste qu'il s'agit d'une estimation.
Chaque randonneur a ses capacités propres. Plutôt que de
se référer à cette moyenne théorique, il est préférable de
connaître les capacités de chacun(e). Et comme toujours, ce
sera la vitesse de la personne la plus lente qui va déterminer
cette ébauche d'horaire.

LA COTATION

Épineuse question ! Peut-on comparer une randonnée
difficile en plaine (35 kilomètres), mais plate, et une
balade facile en moyenne montagne, mais qui grimpe de
700 mètres ? Selon les paysages, mais aussi les habitudes de
chacun(e), cette notion de difficulté reste variable.
Si bien que les prestataires et les associations ont souvent leur
propre cotation. Un opérateur spécialisé, montagnard par
tradition, n'aura pas les mêmes critères qu'un guide adepte
de la rando culturelle.

En milieu montagnard, on n'en retrouve pas moins des indications assez proches selon les topos. Elles prennent en compte
la durée bien sûr, le dénivelé positif et négatif, mais aussi la
technicité du parcours, sa possible exposition, et le matériel
requis pour sa conduite.

T1 RANDONNÉE FACILE

Elle se déroule sur un sentier bien tracé. Terrain plat ou de faible pente. Aucun risque de chute.

- Pas d'équipement particulier, chaussures de sport suffisantes.
- Pas de problème d'orientation, même sans carte.

T2 RANDONNÉE MOYENNE MONTAGNE

Le sentier est balisé, le tracé ininterrompu. Mais le relief peut être accentué et le risque de chute existant.

- Bonnes chaussures, bien crantées. Bonne maîtrise de la marche.
- Capacité à s'orienter sur la carte.

T3 RANDONNÉE EXIGEANTE

Le parcours est en grande partie balisé, mais certains secteurs moins visibles. Il comprend aussi des passages plus exposés (risques de chute), avec des franchissements sur corde ou chaînes, du pierrier, du rocher...

- Bonnes chaussures type trekking, rigides.
- La maîtrise technique est nécessaire et une relative maîtrise de l'orientation utile.

T4 RANDONNÉE ALPINE

La randonnée se fait sur du terrain parfois sauvage, et certains franchissements se font avec l'aide des mains. Des sections de neige (névés) sont à prévoir, des passages de rochers exposés.

- Chaussures de montagne souhaitées.
- Bonne maîtrise de l'orientation et de l'itinéraire. Expérience montagnarde préférable.

T5 RANDONNÉE ALPINE EXIGEANTE

On est aux limites de la haute montagne. L'itinéraire comprend des franchissements d'escalade faciles et des pentes de neige parfois raides, avec des risques de glissade.

- Chaussures de montagne obligées.
- Bonne maîtrise du milieu haut montagnard, pose de main courante possible.

Autre paramètre, très subjectif, l'aspect physique de la randonnée. La durée et le dénivelé entrent en ligne de compte. Mais là encore les indications sont variables d'un topo à l'autre.

NIVEAU 1 : FACILE

Entre 600 et 800 mètres positifs, pour une durée totale de 3 à 4 heures. Accessible à tous.

NIVEAU 2 : MOYENNE

De 800 à 1200 mètres positifs, 4 à 6 heures de marche. Bonne condition physique.

NIVEAU 3 : DIFFICILE

Au-delà des 1200 mètres positifs, et d'une durée qui dépasse les 6 heures. Niveau sportif souhaitable. Bonne préparation tout au long de l'année.

Mais répétons-le, il n'existe pas de cotation générale, applicable à tous les terrains. Et la meilleure cotation, le plus sûr des repères, est de bien se connaître, au plan individuel et collectif. C'est cette maîtrise de soi qui assure le mieux la sécurité de votre randonnée.

CHOIX DE L'ITINÉRAIRE

Une fois ces différents paramètres établis, on peut déterminer si un itinéraire est adapté au niveau physique, à l'envie, à la maîtrise de chaque participant. Ce choix, répétons-le, n'est pas une décision prise à la légère. Il doit intégrer le niveau de chacun(e), mais aussi anticiper les possibles difficultés, qu'elles soient liées à l'environnement ou aux participants. De cette capacité à se projeter sur le terrain, dépend la bonne conduite du bateau. Vous serez quasiment autonome, vous aurez à gérer l'effort, la météo, l'état du terrain, les replis éventuels... Et le parcours choisi sera aussi le reflet de cette maîtrise au pluriel.

C'est dire si la modestie est aussi une forme de sagesse. Quelle que soit votre expérience, le début de saison, les premières neiges ou le séjour estival s'appréhendent en douceur. Plutôt que de « griller » les réserves, choisissez des trajectoires progressives. Les petites montées en limite d'alpage, les balades forestières permettent de reprendre les repères. Puis on élève doucement les marques, on allonge progressivement la durée et la difficulté. Rien de plus valorisant, au terme d'une semaine, que de décrocher enfin un bel objectif, le franchissement d'un col d'altitude, un petit sommet, une traversée entre hautes vallées. Ne vous pressez pas, ces merveilles vous attendront bien quelques jours encore !

3 PRÉPARATION PHYSIQUE

Si elle ne revêt pas d'aspect compétitif, la randonnée n'en est pas moins une activité physique exigeante. Qu'il s'agisse de la durée de l'effort, de l'enchaînement des ascensions, des descentes en terrain montagnard, des conditions climatiques, elle requiert un minimum de préparation foncière et musculaire. Sans rechercher l'excellence, mais plutôt une cohérence, quelques semaines suffisent à vous mettre sur le bon sentier.

On peut privilégier les **pratiques** de base. La course à pied, la natation et le vélo ont cet avantage de vous préparer au plan cardio-vasculaire. À vous de choisir laquelle de ces disciplines vous convient le mieux, à raison de deux ou trois séances par semaine. Ou mieux encore de combiner les pratiques. Deux sorties de course légère et une balade en vélo constituent un programme parfait.

Même chose pour la natation, notamment chez les personnes qui souffrent du dos et des genoux. Dans le même sens, soyez attentifs au terrain. Ce n'est pas toujours facile en milieu urbain, mais privilégiez, autant que possible, les surfaces souples. Un parc, avec des pistes stabilisées, des secteurs d'herbe, sera moins traumatisant qu'un parcours sur le bitume ou le béton.

Enfin, cette conformité même du terrain renforce le dynamisme des appuis. Une « qualité » du pied (proprioception) bien utile lorsque le cadre devient plus sauvage.

LUNDI Repos

MARDI Sortie de 40 à 50 minutes, en footing léger, sur terrain souple. Terminez par des assouplissements.

MERCREDI Repos

JEUDI Sortie de 40 à 50 minutes, avec des petites côtes à enchaîner. Récupérez sur les 10 dernières minutes, et finissez par des assouplissements.

VENDREDI Repos

SAMEDI ET DIMANCHE Une sortie en vélo de 2 heures à 2 heures 30, du Vtt sur du chemin vallonné...

Au plan musculaire, le pratiquant est confronté à la même question. Nul besoin, pour bien vivre le sentier, de suivre un programme de musculation. Il n'empêche qu'un léger travail sur les cuisses et les mollets n'est pas inutile. D'une part, il permet de mieux encaisser les futurs efforts en **montée** (mollets), mais aussi de renforcer la puissance des quadriceps, lesquels sont vos « amortisseurs » en **descente**. Le meilleur moyen de préserver ainsi vos genoux.

Même chose pour le dos et les abdominaux. Le « gainage », qui consiste en une bonne **ceinture abdominale et dorsale**, est une assurance certaine contre les problèmes lombalgiques. Quelques séances en salle permettront de bien analyser les mouvements et le positionnement du corps durant les exercices. Attention effectivement aux mauvais gestes... qui peuvent s'avérer traumatisants.

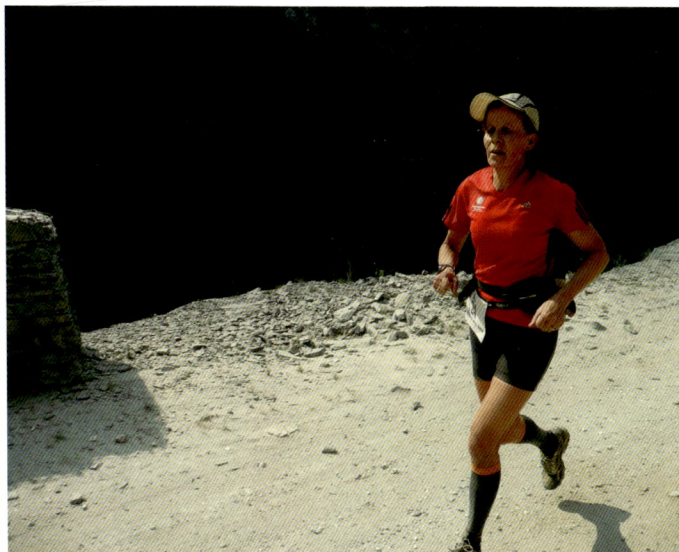

Au commencement de la rando, il y a toujours… une carte que l'on ouvre sur la table. Le premier pas, en somme le début du voyage. Déchiffrer ce morceau de papier, en deviner les lumières, les ombres, les franchissements n'est pourtant pas seulement un exercice poétique. Sa part de rêve mise à part, l'utilité première est d'anticiper ainsi les difficultés et de sécuriser les plaisirs à venir.

Il faut une certaine habitude pour lire ce beau morceau de papier. La difficulté vient du fait qu'il s'agit d'une représentation « aérienne » du terrain, alors que notre perception du paysage, dans la réalité, se fait au ras du sol. Mais avec un peu d'expérience, le paysage va se livrer, et avec une précision d'autant plus grande que nous le déchiffrons alors dans sa globalité, bien au-delà du champ visuel qui est d'ordinaire le nôtre.

Pour cela, il faut déjà reconnaître les **symboles**. Le nord figure toujours en haut de la carte. Les routes et les voies ferrées sont représentées par deux traits parallèles, plus ou moins épais. Les rivières, les plans d'eau se dessinent en bleu. Colorés en vert, les zones de pâtures ou en tramé, les bois et forêts. Les habitations seront symbolisées par des carrés noirs. Et, pour finir, les sentiers figureront en un trait rose (magenta), plus ou moins épais selon l'importance (GR®), discontinu lorsqu'ils ne sont pas balisés et en pointillé quand ils représentent un passage délicat.

Autre lecture importance, **l'orographie**, ou la représentation du relief sur la carte. Les courbes de niveau (isoplèthes) permettent de traduire ce relief. Selon l'échelle de la carte, leur écartement traduit un dénivelé différent. Sur les deux échelles les plus utilisées, l'écartement entre les courbes représente 20 mètres (1/50 000) et 10 mètres (1/25 000).

Toutes les cinq courbes, une ligne maîtresse (en trait plus gras) s'accompagne d'une mention d'altitude. Deux courbes très rapprochées traduiront une forte pente, et à l'inverse deux courbes plus éloignées l'une de l'autre, un versant plus doux.

De cette façon, vous saurez toujours avec précision l'altitude à laquelle vous vous trouvez, mais aussi la nature du terrain à laquelle vous serez confronté.

Dernier point, il reste à vous situer avec précision sur la carte. L'exercice demande là encore un peu d'habitude. Toutes les techniques consistent à pointer un repère visuel, à orienter la carte dans cette direction, puis reporter sur celle-ci le point visuel. Ensuite vous déterminerez un second point (ou une ligne de terrain), et l'intersection des deux lignes vous permettra ainsi de savoir avec précision, l'endroit où vous vous trouvez.

Une certitude, que ce soit sur le terrain, mais aussi de façon anticipée, la lecture de carte est une vraie assurance de sécurité. Quelques minutes passées, le soir, à déchiffrer ce document, à prévoir les difficultés, le type de terrain, de pente, l'ensoleillement, les possibles points de ravitaillement, permettront aux pratiquant(e)s de mieux maîtriser la future balade.

Bien sûr, il existe un balisage la plupart du temps... mais un moment d'inattention suffit parfois à perdre son fil conducteur. Il est alors bien utile de savoir avec précision où vous êtes, d'éviter de s'engager sur du terrain dangereux. On ne saurait donc trop recommander de revenir fréquemment à la carte. Trop utile pour rester au fond du sac !

LA BOUSSOLE ET L'ALTIMÈTRE

Même si le GPS est aujourd'hui un instrument très performant (mais parfois fragile), le plus sûr serait en fait d'associer à la **carte, boussole et altimètre**. Ce dernier, comme son nom l'indique, permet de

savoir avec précision l'altitude à laquelle vous vous trouvez.
L'instrument fonctionne sur la différence de pression atmosphérique, à mesure que l'on s'élève (0,12 mbar par mètre).
Mais pour que la mesure soit précise, encore faut-il prendre
la peine de le vérifier à chaque départ et de l'étalonner.
La pression barométrique influe effectivement sur son fonctionnement et peut sensiblement fausser l'information. En tous cas,
par temps de brouillard, en hiver, en skis ou en raquettes, il
est d'une grande utilité.

La carte, l'altimètre donc, et une **boussole** qui permettra de
s'orienter idéalement.

Les Chinois en avaient déjà exploité le principe, il y a plus de 2000 ans. L'instrument le plus abouti (*Si nan*, indiquer le sud) se composait d'une pierre polie dans une roche magnétique, en forme de cuillère, posée sur une plaque de bronze polie, sculptée sur son pourtour de repères d'orientation. Lorsque la cuillère aimantée se stabilisait, la queue indiquait donc le sud et, a contrario, la partie opposée le nord.

On ne peut certifier avec exactitude la date d'apparition de cet instrument (sans doute quatrième siècle avant J.-C.), mais elle est à l'origine d'autres variantes qui vont utiliser le même magnétisme, comme ce « poisson de fer », qui baignait dans un bol d'eau, et dont la queue indiquait le sud magnétique.

Plus tard, les Arabes, de même que les Turcs et les Perses, feront évoluer l'outil. Et c'est vers la fin du douzième siècle que les voyageurs occidentaux l'adapteront à leur tour.

Le principe de fonctionnement est toujours le même. Qu'il s'agisse de **boussoles à plaquette, à visée** ou de **boussole « suisse »**, seule la lecture diffère. Le modèle à plaquette, le plus utilisé, se compose donc d'un support plastique transparent sur lequel apparaissent les graduations, et d'une capsule contenant l'aiguille aimantée dans son bain d'huile. La rotation de cette dernière et la position finale de l'extrémité (rouge) indiqueront le **nord magnétique**.

Lequel diffère du **nord géographique**, positionné sur le pôle. La différence de cap entre ces deux indications, la **déclinaison magnétique**, peut avoir une grande importance... sous d'autres latitudes que les nôtres.

Effectivement, l'angle est relativement minime en Europe (3° W en Bretagne et 1° E en Corse, quasi nul dans les Alpes). En revanche, si vous pratiquez la raquette ou le fond dans le grand nord, ces variantes peuvent être considérables (10° E en Laponie et 35° W au Groenland).

LA BOUSSOLE (TYPE SILVA) SE COMPOSE DONC DE :

- une aiguille aimantée mobile, avec une extrémité rouge indiquant le nord magnétique ;
- un cadran rotatif, gradué de 0° à 360°, permettant de s'aligner sur le nord de la carte et de calculer l'angle qui déterminera l'azimut ;
- une plaquette graduée avec repère de visée, indiquant la marche à suivre (carte et terrain).

1 • POUR ORIENTER SON ITINÉRAIRE.

Il s'agit de mettre en adéquation la carte, la boussole et le terrain.
La technique la plus simple consiste :

- à placer la boussole à plaquette sur la carte en alignant son bord et l'itinéraire à suivre ;
- faire tourner la capsule, de façon à ce que les lignes nord–sud soient parallèles aux méridiens de la carte ;
- le cadran rotatif de la plaquette permet alors de connaître précisément l'angle *(azimut)*, soit la position de l'objectif par rapport au nord.

Pour suivre cet azimut sur le terrain, il suffit alors de tourner sur soi-même et d'aligner le nord du cadran rotatif et l'aiguille rouge de la boussole. Le repère de visée indique alors la direction à suivre.
Vérifiez régulièrement votre azimut, après avoir changé de direction, contourné un obstacle, franchi un torrent.

2 • POUR SE SITUER SUR LA CARTE,

On va fonctionner par triangulation. Le principe reste toujours le même. Choisissez un premier point dans le paysage. Pointez la flèche de la plaquette de la boussole dans sa direction. De cette façon, vous déterminez un angle entre ce point et le nord magnétique. Reportez cet angle sur la carte, en alignant cette fois la flèche du nord (cadran rotatif) et le bord de la carte ou l'une des lignes parallèles. Tracez la ligne correspondant à cet angle.

Répétez ensuite la même opération avec un deuxième point (l'idéal serait de le choisir à 90°). Reportez maintenant l'angle sur la carte et tracez la ligne correspondante. Votre position exacte se trouve donc au croisement de ces deux lignes.

Vous pouvez aussi travailler avec l'altimètre. Un point déterminé, l'angle constitué avec le nord, la ligne reportée sur la carte. Une mesure d'altimètre, et vous en déduisez, grâce aux courbes de niveau, votre position. Celle-ci doit se trouver au croisement de la ligne et de la courbe de niveau correspondante.

Mais attention, par mauvais temps, dans des conditions de stress, sur du terrain inconnu, la maîtrise de l'orientation devient beaucoup plus complexe. Il existe alors des techniques plus adaptées, le recours aux azimuts multiples (temps couvert), l'alignement de personnes permettant de « naviguer » à vue, l'altitude butée (monter jusqu'à un point et suivre ensuite la courbe de niveau)... Une certitude, ces techniques d'orientation ne s'improvisent pas. Ne laissez pas la boussole sur une étagère ou au fond d'un sac. En cas de problème, elle ne serait plus d'aucun secours.

LE GPS

Depuis son apparition, au milieu des années 90, le GPS a connu un succès grandissant. Désormais son usage concerne aussi bien le marin, l'automobiliste, le parapentiste, le vététiste et, bien sûr, le randonneur pédestre.

Que se soit en montagne ou en plaine, les modèles s'adaptent donc à vos besoins propres.

C'est en pleine guerre froide, dans les années 70, que les bases du système GPS ont été mises en place. Un programme spatial, élaboré par les États-Unis, devait permettre de localiser n'importe quel objet à la surface de la Terre.

Pour cela, on allait s'appuyer sur 27 satellites, placés en orbite à 20 000 kilomètres d'altitude, et qui quadrillaient toute la surface planétaire. Réservé dans un premier temps au strict domaine militaire, il deviendra ensuite progressivement accessible au privé. À ce détail près, que les Américains en limitaient encore la précision par un brouillage du signal (System Availability).

Et ce n'est qu'en 2000 que cette altération sera levée. La précision au sol passe alors de 100 mètres à 10 mètres. Le GPS devient un instrument d'une parfaite fiabilité.

LE GPS POUR QUOI FAIRE?

En randonnée, ses possibles fonctions sont multiples :

- il permet de connaître sa position à n'importe quel moment du trajet ;
- sa mémoire permet d'enregistrer jusqu'à un millier de points et donc de se localiser précisément par rapport à ceux-ci ;
- après avoir sélectionné l'un de ces points, il suffit de suivre les indications données pour l'atteindre ;
- par simple clic, on peut enregistrer des points intermédiaires, et en cas d'hésitation ou de retour sur l'itinéraire, le GPS permet évidemment de les retrouver. Il suffit pour cela d'inverser la navigation ;
- il est également possible d'enregistrer un parcours par une succession de points intermédiaires que l'on suit ensuite sur le terrain ;
- sa mémoire peut conserver plusieurs parcours. En les transférant ensuite sur l'ordinateur, vous pouvez les transmettre à d'autres randonneurs ;
- des fonds de cartes sont également disponibles. Ce qui rend la visualisation du parcours plus confortable encore ;
- parmi toutes les fonctions qu'il offre, notez qu'il peut aussi donner l'altitude.

Ce système de navigation et de positionnement global (NAVSTAR-GPS) est certainement séduisant, mais il a aussi ses inconvénients. L'ordinateur est indispensable pour s'en servir. Certains modèles sont également fragiles, grands consommateurs d'électricité (avec fonds de cartes notamment) et relativement onéreux. Cela dit, pour certaines destinations (voir encadré), l'investissement est quasi obligé.

Gérard GUERRIER
*(accompagnateur
moyenne montagne,
Allibert)*

GARDEZ LE CAP

Il a défriché des itinéraires dans les coins les plus secrets de la planète. Là où les marcheurs (et les cartes) ne vont pas, Gérard Guerrier (directeur d'Allibert) pousse la curiosité. Et cet homme-là ne perd pas facilement le nord. Un passionné d'orientation !

Personnellement, je n'utilise que rarement le GPS. Pour partie, ça vient d'une vieille affection que j'ai pour les cartes et le maniement de la boussole. Tout gamin, je les collectionnais, je rêvais dessus... Mais il y a deux situations où le GPS, à mon avis, est un instrument fabuleux. Je dirais en randonnée ski, l'hiver, quand le brouillard tombe, et sur des coins où la cartographie est inexistante ou manque de fiabilité. Ce qui est le cas, par exemple, en Sibérie. À ce moment-là, je couple le GPS et Google Earth. Ensuite je vais rentrer mes points. Et par triangulation, sur le terrain, je pourrai me retrouver à dix mètres près. Au fin fond de la forêt russe, vraiment impressionnant.

Pour l'utilisation avec les fonds de carte, je reste plus mesuré. Même si c'est techniquement très au point, l'acquisition des cartes reste chère, et le fonctionnement bouffe de la batterie. Si bien qu'aujourd'hui je fais encore des stages orientation avec la boussole, l'altimètre et la carte, sur deux jours...

Aussi performant soit-il, le GPS ne te donne au final que ta position. Mais il ne t'apprendra pas à déchiffrer un paysage et maîtriser une progression dans ce décor.

RANDONNÉE   *les chemins à suivre*

5 GESTION DE LA MÉTÉO

C'est l'information première dont toute randonnée se soucie. La météo conditionne d'une part l'état du terrain, mais elle a aussi une incidence directe sur le pratiquant lui-même. La neige, les pluies violentes, l'orage, la grande chaleur méritent donc que vous en anticipiez les effets. Cette connaissance météo est donc essentielle, de même qu'un comportement adapté à ces conditions.

RISQUES NEIGE

Qu'il s'agisse de la raquette, de la balade sur sentiers aménagés, comme du ski de rando, la montagne hivernale demande une approche bien spécifique. Selon la nature du terrain, la déclivité de la pente, l'exposition au soleil, l'homogénéité relative du manteau (diverses couches entre elles), la température externe et d'autres paramètres encore, la neige n'aura pas la même accroche. Et le risque d'avalanche sera plus ou moins important.

Avant d'envisager une randonnée, il est donc essentiel de s'informer sur les risques et d'affiner ensuite cette information, auprès des bureaux de guides ou d'autres lieux de renseignements, selon l'itinéraire que vous envisagez.

Une échelle européenne classe le risque d'avalanche en cinq degrés différents.

* SURCHARGE :

FORTE SURCHARGE :
Skieurs groupés, engin de damage, explosif...

FAIBLE SURCHARGE :
skieur seul, piéton.

DÉCLENCHEMENT SPONTANÉ :
Sans intervention humaine.

PENTES RAIDES :
Pentes d'inclinaison supérieure à 30 degrés.

TERRAIN PEU RAIDE :
Pentes d'inclinaison inférieure à environ 30 degrés.

EXPOSITION :
Point cardinal vers lequel est tournée une pente
(orientée au sud, au nord...).

EXPOSÉ :
Signifie dans ce cas, « particulièrement exposé au danger ».

INDICE DE RISQUE, STABILITÉ DU MANTEAU ET DÉCLENCHEMENT POSSIBLE

1 FAIBLE

- Sur la plupart des pentes, le manteau est bien stabilisé. Seules les pentes raides (coulées et petites aualanches) peuuent déclencher en cas de forte surcharge*.

2 LIMITÉ

- Manteau bien stabilisé, sauf sur les pentes raides. Déclenchements d'aualanches possibles, surtout par forte surcharge* et dans quelques pentes généralement décrites dans le bulletin.
- Des départs spontanés d'aualanches de grande ampleur ne sont pas à attendre.

3 MARQUÉ

- Dans de nombreuses pentes suffisamment raides, le manteau neigeux n'est que modérément à faiblement stabilisé.
- Déclenchements d'aualanches possibles, parfois même par faible surcharge* et dans de nombreuses pentes. Dans certaines situations, départs spontanés d'aualanches de taille moyenne à importante possibles.

4 FORT

- Le manteau neigeux est faiblement stabilisé dans la plupart des pentes suffisamment raides. Déclenchements d'aualanches probables même par faible surcharge* dans de nombreuses pentes suffisamment raides. De nombreux départs spontanés d'aualanches de taille moyenne ou importante sont à attendre.

5 TRÈS FORT

- L'instabilité du manteau neigeux est généralisée.
- De nombreuses et grosses aualanches se produisant spontanément sont préuisibles, y compris en terrain peu raide.

Ce n'est pas un épisode météorologique anodin que l'orage. D'une part les précipitations peuvent occasionner de brutales montées des eaux, mais la foudre, surtout, est régulièrement à l'origine d'accidents. Le risque est d'autant plus important que l'on monte en altitude, que l'on se rapproche des parois rocheuses et des sommets, lesquels attirent les décharges électriques, en jouant le rôle de paratonnerre. Quant aux dommages encourus, le seul énoncé vous invite à la plus grande prudence.

Rappelons déjà qu'une décharge de ce type peut représenter une tension de 10 à 100 millions de volts, pour 25 000 ampères. Quant aux températures générées par l'éclair, elles peuvent atteindre de 8 000 à 30 000°C. C'est dire tout le danger d'y être directement confronté. Parmi les possibles manifestations, on peut remarquer : les tétanies musculaires locales ou généralisées, l'arrêt cardiaque, les traumatismes provoqués par une possible projection de la victime, des lésions sur les organes intra-thoraciques et abdominaux, ainsi que des brûlures, en surface ou plus profondes, la destruction des muscles et des tendons, la possible rupture du tympan... La liste n'est pas exhaustive, mais elle donne une petite idée des dommages. Mieux vaut donc prendre l'orage très au sérieux.

Première attention donc, le bulletin météo et le respect des horaires d'itinéraires. Un départ matinal est souvent une garantie de sécurité, même si certains orages peuvent aussi éclater en matinée. Dites-vous également qu'il s'accompagne souvent de fortes précipitations. Des torrents en crue peuvent alors rendre certains franchissements problématiques, voire impossibles. Un œil à la météo donc, et si vous êtes exposé à cette situation, des consignes toutes simples :

- Ne cédez pas à la panique... sans tarder pour autant à vous éloigner le plus vite des zones à risque.

- Les arêtes, les crêtes, les points hauts des montagnes sont des lieux exposés à la foudre. Essayez de rejoindre un espace plat, une pente en neige, un éboulis... Attention aux parois, aux arbres, aux entrées de grottes. L'eau qui ruisselle est un excellent conducteur d'électricité.

- Évitez la proximité de tout objet métallique (piolet, crampons, mousquetons, bâtons de marche...).

- Asseyez-vous, en vous isolant du sol. Un sac de couchage, un matelas ou votre sac, secs de préférence, offrent une certaine sécurité. La position idéale est de se recroqueviller, tête rentrée entre les bras, genoux fléchis. Ne jamais s'allonger sur le sol.

- Éloignez-vous de vos compagnons. Cette distance évite que la foudre puisse passer d'un individu à l'autre.

GRANDES CHALEURS, FROIDS POLAIRES

À ne pas mésestimer non plus, les températures en cours de pratique. En période hivernale, le froid nécessite évidemment des vêtements et des chaussures adaptés (voir chapitre équipement). Pourtant ce ne sont pas les températures extrêmes qui posent problème, mais plutôt le coup de froid imprévisible. Entre autres exemples, une nuit improvisée, ou suite à une blessure, l'attente de secours. Un vêtement chaud, une protection contre la pluie ou l'humidité, une couverture de survie permettront d'éviter une possible **hypothermie**. De même qu'un réchaud et quelques sachets de soupe ou de thé... Bon pour l'organisme et pour le moral tout autant.

Plus complexe, la grande chaleur demande aussi de vraies précautions. Là encore l'équipement est essentiel (casquette, verres solaires, crème). Mais dites-vous également que *la transpiration est une réponse physiologique*, le meilleur moyen de faire baisser les degrés, en cours d'effort. Cette eau que vous perdez, il va falloir évidemment en renouveler le volume afin d'éviter l'hyperthermie. N'hésitez donc jamais à emmener une bonne réserve d'eau, et à bien repérer à l'avance les points d'approvisionnement possibles (sources, refuge...). Outre cette hydratation en cours d'activité, l'autre volet (tout aussi important) est de *bien reconstituer le stock hydrique le soir*. Soupes, eaux gazeuses sont alors très efficaces, avec cet argument supplémentaire de vous recharger en sels minéraux.

Spécialiste de l'Amérique du sud, organisateur de circuits chez Allibert, Thomas Bringuy a derrière lui quelques solides années de sentier.
Pour cet accompagnateur, la sécurité d'un groupe dépasse, de loin s'en faut, la seule info météo.

Bien sûr, de s'informer sur les conditions météo est essentiel. Qu'il s'agisse de la neige, des risques d'orage, on doit partir bien renseigné. Mais je dirais aussi que la randonnée se conçoit comme un « tout », dans une globalité. C'est important de savoir s'il y a un risque météo, mais il faut aussi pouvoir réagir, sur le terrain, à cette possible dégradation, et subir le moins possible ses effets.

Il est donc essentiel de s'informer auprès des gens qui connaissent les lieux, les spécificités du terrain. Un gardien de refuge peut vous renseigner sur des échappatoires possibles, un itinéraire de repli, l'existence d'une cabane qui ne figure pas sur la carte... Plus il y a de prise d'information en amont, moins on risque de se trouver prisonnier des conditions.

Finalement le bulletin météo participe à cette connaissance, mais la prise de décision (y aller ou pas) doit ensuite se gérer de manière cohérente et maîtrisée.

Thomas BRINGUY
(accompagnateur moyenne montagne)

6 GESTION DU TERRAIN

Le sentier reste le plus sûr des terrains, mais il n'en est pas pour autant un lieu anodin. Son environnement, ses saisons, les conditions météo ou la simple fatigue peuvent aussi le rendre piégeant. Et là encore, l'anticipation est la meilleure des sécurités.

ATTENTION, CHUTE DE PIERRES

Aucun terrain montagnard n'en est à l'abri. Un chamois qui la déclenche, un groupe de randonneurs en amont qui fait partir la caillasse, des orages ou le dégel qui ont rendu le terrain instable, et nous pouvons toujours être victime de ces pierres.

On conseillera donc d'être toujours vigilant aux étages supérieurs, comme de soigner ses propres appuis et de ne pas provoquer le phénomène. Si vous évoluez dans un terrain exposé, évitez d'avancer à la verticale les uns des autres et ne stationnez pas dans un secteur à risque.

DERNIÈRES NEIGES

Certaines parties peuvent conserver assez tard des accumulations de neige. Les culots d'avalanche, les fonds de ravin deviennent alors des secteurs à risque. Le cas d'un **pont de neige**, au-dessus d'un torrent : en surface, la neige présente un aspect plan, très sécurisant. Le franchissement ne semble pas poser de problème. Seulement, en profondeur, le torrent peut former un tunnel important.

Ce qui fragilise évidemment le pont. En cas de chute, la victime se retrouve coincée entre l'eau et la neige. La température glaciale peut alors être mortelle.

Les secours ne disposent que de quelques minutes pour éviter l'hypothermie mortelle. Il est donc essentiel de bien mesurer le risque avant de traverser, en jugeant déjà l'importance du débit. Un torrent de petite taille ne présente a priori aucun danger autre que celui de vous mouiller les pieds.

Pour un cours d'eau plus important, aux heures chaudes du jour, il faudra peut-être envisager un autre passage, ou avoir recours à la corde.

Autre cas de figure, le passage d'un **névé pentu**. La neige dure au petit matin et l'absence de trace peuvent en faire un sérieux problème. Là aussi, tout est affaire de réflexion. Doit-on envisager le passage ou une alternative en amont, comme en aval ? Le recours à la main courante (voir encadré) est-il obligatoire ? Ou plutôt de pratiquer des traces sécurisantes, à l'aide du piolet ? En cas de chute, les participants sauront-ils enrayer leur dégringolade par une technique de réchappe (bâton ou piolet) ? Ce sont donc toutes ces attentions qui sécurisent le passage. Avant de s'engager, mieux vaut en mesurer les possibles conséquences. Et de savoir renoncer, si la prise de risque ou la perception de celle-ci sont trop importantes.

HERBES COUCHÉESS

On aurait également tort de sous-estimer le danger des **pentes herbeuses**. Au sortir de l'hiver, brûlées par la neige, elles demandent beaucoup d'attention dans les appuis. Mieux vaut donc les aborder avec une semelle bien crantée (type Vibram®). En cas de glissade, dites-vous que le short ou le pantalon participent volontiers à l'effet toboggan.

DESCENTE ALTERNATIVE

Même sur un banal sentier, apparemment sécurisé, la descente reste toujours un moment délicat. La fatigue aidant, les appuis sont moins assurés, le pas a tendance à traîner, et il est alors fréquent de trébucher. Cet incident, tout banal qu'il est, est à l'origine de nombreuses blessures, mais aussi d'accidents plus graves. Soyez donc attentif jusqu'au terme de la randonnée, en soignant simplement la qualité de vos appuis, l'anticipation des obstacles, la réactivité au terrain. Votre meilleure assurance risques !

Il y a des moments où l'envie de quitter le sentier vous prend. Comme une liberté que l'on se dessine, une immersion totale au paysage.
Accompagnateur dans le Valgaudemar, Michel VERGÈS a ainsi dans ses carnets quelques belles échappées.

Michel VERGÈS
(AMM La Chapelle en Valgaudemar)

" Ce sont des moments particuliers, très émotionnels, très tactiles. Par exemple, ce contact que tu vas avoir avec les choses, le grain d'un rocher, d'une neige vierge, tes appuis aussi, et qui génèrent en même temps des sentiments complexes, comme celui de se « perdre », d'aller dans l'incertitude. « La montagne n'est pas infinie, écrivait Dalloz dans les années 30, mais elle le suggère... ». Cette émotion forte, très poétique, demande alors une vraie jugeotte. Il y a, sur ce genre de sortie, l'obligation d'être dans une lucidité permanente. Concentré sur l'environnement, sur la trajectoire, la carte, tous les risques liés au terrain, au groupe, si l'on part accompagné, et à soi-même. En fait de ne jamais s'exposer, et de rester vigilant aux échappées possibles. Et de ne jamais s'entêter.

Je pense que ce sont ces deux choses, la beauté absolue du lieu, la liberté totale et la maîtrise de tout, qui font de ces virées sauvages des expériences fortes. "

Contact : Michel Vergès (04 92 55 36 24) et micuer05@wanadoo.fr

LA POSE D'UNE MAIN COURANTE

Le terrain montagnard peut réserver des surprises. Rocher, vires herbeuses, névé gelé, et bien d'autres encore. Il devient alors important de sécuriser le franchissement et la pose de la main courante devient un geste important à maîtriser. Un conseil donc, entraînez-vous... Il suffit d'un sous-bois, de quelques arbres pour bien tendre cette corde.

Première précaution, mettre le groupe en sécurité :
- fixer la corde directement sur l'arbre (ou grâce à une sangle, avec mousqueton à virole) ;
- assurer le leader qui franchit le passage ;
- fixer la corde à l'autre extrémité, et tendre celle-ci avec un demi cabestan ;
- bloquer ensuite celui-ci avec un nœud de mule et un nœud d'arrêt.

Les personnes peuvent maintenant franchir le passage, en s'assurant sur la corde. Plusieurs moyens possibles : le plus simple est d'utiliser une sangle, une dégaine ou une cordelette avec un prussik.

Enfin rappelez-vous que la pose d'une main courante est une manœuvre lourde. Elle va demander du temps, surtout si le groupe est important. Peut-être existe-t-il une autre alternative, un passage moins dangereux ?
Se souvenir aussi, en cas de problème sur la corde, qu'il va falloir remonter la personne et que ce n'est jamais aisé. Enfin, se rappeler qu'il existe différentes techniques de main courante, adaptées au terrain (neige, rocher...), à la nature de la progression (traversée, verticale...).
Et qu'il s'agit d'une manœuvre technique, laquelle nécessite un véritable apprentissage et un entraînement. À défaut de quoi...

avec Rémy FLORINGER
(AMM Allibert)

7

L'ACCIDENT ET LES SECOURS

On pourrait penser que la randonnée cause moins d'accidents que d'autres pratiques montagnardes, a priori plus engagées, comme l'alpinisme ou le canyon. Il n'en est rien. Chaque année, les unités de secours (Peloton de gendarmerie de haute montagne (PGHM), CRS) interviennent dans la même proportion, entre haute montagne et rando. C'est dire toute l'attention qu'il y a à porter à ce volet sécurité, et en cas de tracas, l'importance d'adopter la bonne conduite.

DES GESTES QUI PEUVENT SAUVER

Première attention, **protégez** la victime, de même que le groupe qui l'accompagne. La zone peut être exposée (chute de pierre, pente, avalanche...).

Une fois cette précaution prise, **alertez** les secours, en étant précis sur les circonstances de l'accident (lieu, météo, altitude...), le nombre de victimes et les blessures constatées. Si l'alerte est donnée par téléphone, n'oubliez pas d'indiquer le numéro de portable auquel les secours vont vous recontacter. Pour les numéros de secours spécialisés (PGHM, CRS), chaque massif, chaque région a les siens. Sinon, le Samu (15), police secours (17), les pompiers (18) et le 112 (numéro d'urgence reconnu dans toute la Communauté Européenne) peuvent vous venir en aide ou transférer l'information.

Dans l'attente de leur arrivée, il est déjà indispensable de porter les **premiers secours**. Mais pour cela, une formation est nécessaire. Ces simples gestes sont enseignés par la Croix Rouge, la Sécurité Civile. Ils peuvent soulager, voire sauver la victime. Et ils facilitent ensuite le travail des secours.

Interrogez alors la victime et posez des questions simples qui permettent d'évaluer son degré de conscience. À surveiller aussi, son battement cardiaque et sa respiration.

Au moment de l'arrivée des secours, s'il y a pose de l'hélicoptère, il est impératif de faire les signaux conventionnels et de se placer (si possible) sur un terrain plat et dégagé. Protégez la victime du souffle, sacs rangés et stabilisés. Attendez ensuite les consignes des secouristes pour bouger.

LES SIGNES CONVENTIONNELS À L'APPROCHE DES SECOURS :

- Les deux bras levés, formant un Y avec le corps.
- Fusée rouge
- Tissu rouge à couronne blanche
- Lampe ou miroir, avec émission de 6 éclats par minute.
- Sifflet, avec émission de 6 coups par minute.

ATTENTION, UN SEUL BRAS LEVÉ SIGNALE QUE TOUT VA BIEN.

8 GESTION DU GROUPE

Partager un projet et se mettre ensemble sur le sentier, donne à la randonnée une dimension supplémentaire. Mais pour que le plaisir soit entier, encore faut-il que le groupe fonctionne, qu'il ait un minimum de cohésion. Et cet aspect de la rando n'est pas le plus évident à maîtriser.

Nos sociétés très individualistes induisent souvent des comportements solitaires. Et si la randonnée d'hier se pratiquait souvent en club ou en association, nous optons désormais pour des formules plus réduites, groupe d'amis et proche famille. Cela dit, le simple fait de partir à plusieurs demande quelques attentions. Même chose d'ailleurs si vous intégrez un groupe de randonneurs, à l'occasion d'un trek. Nous redevenons alors des équipiers, et comme tels, il faudra trouver à chacun sa place, son rôle. De cette cohésion, de ce « collectif », la rando tient aussi une partie de son plaisir.

Au commencement, il y a donc l'idée. Celui qui l'apporte, par son expérience du terrain, prend assez souvent une place de leader. C'est une position assez naturelle et qui peut se vivre de façon paisible. Le leader n'est pas un « chef », au sens militaire du terme, mais plutôt un coordinateur. Sa connaissance du terrain, son expérience de la pratique vont considérablement faciliter la mise en place du projet. Encore faut-il que les autres membres l'acceptent pleinement pour cette compétence. Une **réunion de préparation** n'est donc jamais inutile. D'ailleurs nombre d'opérateurs de randonnée la programment.

Au cours de cette journée d'information, on va ainsi débattre de l'activité future, et mieux en mesurer l'importance. Elle permet également de juger des motivations personnelles. Dans un couple, exemple parmi d'autres, l'un(e) ou l'autre peut suivre, sans avoir une réelle envie de partir. Autre aspect essentiel, elle sert aussi à bien définir les tâches, les rôles de chacun(e). Selon leurs compétences propres, les membres peuvent prendre en charge une partie ou l'autre de l'organisation (hébergement, gestion de la nourriture, transport...).

Outre le fait que l'on gagne ainsi en efficacité, le groupe s'appuie sur des éléments plus motivés.

Enfin, si cette journée a la bonne idée de se prolonger sur le terrain, l'activité même permet de juger du fonctionnement du groupe. Et de constater alors des possibles sympathies ou, inversement, des tensions, à partir desquelles il faudra composer (nuitées en chambre, sous tente...).

Cela dit, **la cohérence de l'équipe n'est jamais acquise.** Outre nos dispositions à la vie communautaire, d'autres éléments peuvent altérer cette cohésion. L'intensité de l'effort, la rusticité du cadre, la fatigue, une météo contraire seront des révélateurs de comportement. À ce moment-là, le leader peut être plus exposé, sa compétence remise en question. À l'intérieur même du groupe, les positionnements deviennent plus rigides. Les amitiés se renforcent, tout comme de possibles inimitiés. À ce sujet d'ailleurs, il n'est pas rare qu'un membre ou l'autre s'attire une antipathie générale. Cet exclu devient une sorte de « bouc émissaire », de façon inconsciente, « *celui par lequel les tracas sont arrivés.* »
Il faut alors un certain doigté (et une expérience confirmée) pour désamorcer la crise.

Notre penchant naturel veut que l'on s'associe dans l'activité à une personne de préférence. Cette sympathie, au moment des difficultés, est encore plus évidente. Si bien que l'exclusion fonctionne de façon toute aussi visible. L'idéal serait donc que ces binômes soient régulièrement recomposés. D'accepter donc de changer de « *partenaire* », de rester ainsi ouvert au groupe. Hélas, mille fois hélas, notre tendance est plutôt au repli. Et l'exclusion fonctionne alors idéalement. Mais on peut aussi anticiper ce type de problème.

Dans ce cas, le leader a un rôle essentiel. D'être à l'écoute des autres, d'observer, permet souvent de désamorcer une situation problématique. **D'aller vers l'élément exclu, de briser son isolement, d'inviter les autres à un comportement plus empathique,** a souvent des résultats positifs.

En fait, là encore, tout le groupe est associé à cette recherche de solution. Par son comportement, par le dialogue auquel il s'associe, par sa capacité à dépasser des comportements stéréotypés, il est le meilleur garant de la réussite du projet. Mais au-delà de la réussite (ou de l'échec), **c'est surtout une formidable occasion de tester nos capacités à vivre un « contrat » social.**

Ce qui va bien au-delà de la simple randonnée. Jeux de « je », émergence du « nous », capacité à dépasser les règles trop bien établies. Sacrée leçon de vie !

Qui veut marcher loin... nourrit correctement sa monture. La randonnée est une pratique d'endurance, et comme telle, elle a des besoins spécifiques en calories (nourriture) et en eau. L'altitude, la chaleur ou le froid, la simple durée de l'effort sont donc à prendre très au sérieux. D'autant plus que nous n'avons pas toujours conscience de ces besoins. Avant que la soif ou la faim ne nous touchent, l'organisme risque déjà d'avoir souffert de ces manques nutritionnels ou hydriques. Mieux vaut donc anticiper !

Le moment du casse-croûte, la pause au bord du torrent participent à ces plaisirs tout simples qui vous font aimer la randonnée. À chacun ses plaisirs : adeptes du fromage, du saucisson, de la barre de céréales : ces choix ne se discutent pas. Mais ils peuvent quand même garder en mémoire quelques règles simples, et qui sont aussi des garanties de bonne marche. Le sentier est parfois long. Et l'organisme a ses besoins alimentaires bien précis.

SE NOURRIR

Sans entrer dans le détail, on peut rappeler quelques règles basiques sur la ration quotidienne. En termes de calories déjà, un homme a besoin d'environ 2500 Cal par jour et une femme de 2000. Cette valeur peut ensuite légèrement augmenter, en cas de pratique sportive ou de travail physique.

Première balise donc, un bon équilibre entre les **glucides** (sucres lents et rapides, 50 à 55 % des calories quotidiennes), les **lipides** (les graisses, de préférence polyinsaturées, 30 %) et les **protéines** (viandes et poissons, laitages... à raison de 10 à 15 %). À cela, il faut ajouter les **sels minéraux** et les **vitamines**.

Les **glucides** sont notre carburant. Dans les pratiques d'endurance, comme la randonnée, ils sont la principale source d'énergie. Simples (fructose, glucose...) ou composés (amidon, dextrine...), notre organisme doit ensuite les digérer, puis les brûler ou les stoker sous la forme de glycogène. Ce stockage se fait soit dans les muscles (**glycogène musculaire**) ou au niveau du foie (**glycogène hépatique**). Un randonneur va s'intéresser particulièrement à ce point. Puisque c'est de ce glycogène, de l'apport puis du renouvellement en glucose, que son bien-être dépend.

Les **lipides** sont également indispensables à l'apport d'énergie, mais aussi à la fourniture d'acides gras. Ils interviennent dans la métabolisation des vitamines (A, D, E et K) et participent à la constitution (paroi) des cellules.
Enfin, ils protègent aussi les organes et le corps tout entier contre le froid.

Les **protéines** ont un rôle essentiel dans tous les processus organiques. S'il fallait choisir une image, ce sont les briques avec lesquelles le maçon bâtit son mur. Elles vont permettre l'apport en acides aminés, indispensables à la construction générale. D'origine animale ou végétale, leur dosage est à surveiller avec attention.

Les **vitamines** interviennent à de nombreux stades. Ces subs-tances, utilisées en petites quantités par l'organisme, participent à la croissance et à l'entretien de la mécanique. L'alimen-tation équilibrée pourvoit à l'essentiel de ces besoins. Et si une croyance – savamment entretenue –leur prête des vertus énergétiques ou miraculeuses, la chose tient du mythe. Pour faire simple, disons qu'elles peuvent participer comme coen-zymes à des processus énergétiques. Mais la quantité fournie par l'alimentation suffit amplement. Seuls des cas de carences (constatés médicalement) peuvent amener à prendre des suppléments.
On se rappellera enfin que ces vitamines peuvent être stockées par l'organisme (liposolubles).
Des cas d'hypervitaminoses sont depuis longtemps constatés en cas d'apports injustifiés. Leurs effets secondaires peuvent être très graves, lésions hépatiques, rénales, troubles osseux ou de la coagulation...

Les **sels minéraux** sont également fournis par l'alimentation. Nos besoins quotidiens peuvent être très importants (macroéléments). Il s'agit principalement du calcium (800 à 1500 mg/jour), du sodium, du potassium, du magnésium et du phosphore... Pour les microéléments, on évoque le zinc, le fer, le cuivre, le sélénium, le fluor, l'iode... Si la quantité nécessaire est moindre, elle est toute aussi essentielle.

Pour les très longues randos ou les treks (en pays chauds plus encore), ce sera un poste important. L'évacuation par la transpiration des sels minéraux nécessite notamment de pallier ce déficit. Mais là encore, l'alimentation et l'hydratation seront suffisantes dans la plupart des cas.

Avec ces quelques repères, on peut ensuite se faire plaisir et entretenir correctement la chaudière. La veille d'une grosse randonnée, on ne saurait trop conseiller un apport en sucres lents. La **pasta party**, chère aux coureurs à pied, marathoniens et autres, est également recommandée.

Un bon plat de pâtes (ou de riz, de semoule, de blé...) vous permettra de stocker des sucres très efficaces dans votre futur effort.

Mais il ne faudra pas non plus oublier le **repas du matin**. La vie moderne nous fait souvent négliger ce poste. Pourtant, il est essentiel et permet de charger les accus pour une bonne partie de la journée. L'idéal serait qu'il offre le quart de la ration quotidienne en calories (2000 pour une femme et 2500 pour un homme), tout en associant des sucres lents (pain, céréales), des protéines et du calcium (laitage, œuf), des vitamines (fruit frais ou jus pressé), un peu de beurre (lipide) et une boisson chaude sucrée.

Rappelons enfin qu'au-delà d'une heure, nos réserves en glycogène commencent à s'épuiser. Et qu'il est donc nécessaire de « réalimenter la chaudière ».

Pour cela, les aliments doivent être rapidement métabolisés et ne pas perturber le transit au niveau gastrique. Là encore, il n'est pas inutile de voir ce que les coureurs à pied ont adopté pour leurs efforts longs.

Les boissons sont des mélanges complexes de **fructose**, de **glucose** pour l'énergie immédiate et de **maltodextrines** (polymères de glucose) qui sont des chaînes plus complexes, donc assimilables plus tardivement. On les retrouve dans des gels, associés à une bonne quantité d'eau (300 à 500 ml), pouvant assurer une heure d'effort.

L'eau (voir chapitre hydratation) est importante à tous les niveaux. Elle conditionne la performance, par le transport de l'énergie au niveau cellulaire, mais aussi la maîtrise de la température.

Le « coup de chaud » n'est jamais une chose bénigne.

D'avoir bien insisté sur ce chapitre des sucres, ne doit pas occulter d'autres aspects de l'alimentation en randonnée. Après deux ou trois heures d'effort, vous ressentirez peut-être une lassitude à ces boissons ou ces gels, et un réel besoin d'aliments salés.

Il y a sans doute une explication physiologique, liée à l'épuisement des oligoéléments. La transpiration épuise certaines de ces réserves.

Alors faites-vous plaisir !

N'hésitez pas à sortir le saucisson, le fromage d'alpage, le jambon de montagne. Cette saveur fait autant de bien au physique... qu'au mental.

S'HYDRATER

De l'eau, encore de l'eau. C'est elle qui tient la vie en montagne. Elle qui fait chanter le sentier, les sources, les torrents... et les appuis tout autant. Buvez régulièrement, une moyenne d'un litre par heure, et évitez ainsi les méchants coups de pompe.

Pour mémoire encore, quelques petits rappels physiologiques ! Au moment de l'effort, le muscle produit une grande quantité de chaleur et l'organisme doit compenser cette inflation thermique. C'est l'un des rôles de la transpiration, le plus efficace des mécanismes thermorégulateurs. S'il n'y avait pas cette sudation, la température corporelle augmenterait d'environ un degré toutes les cinq à huit minutes. Faites le compte : en une heure de randonnée, le pratiquant verrait son thermomètre intérieur atteindre ainsi les... 51°.

Il y a donc une importance vitale de l'eau dans cette régulation de la température, mais un rôle tout aussi essentiel dans les fonctions cardio-circulatoires et le transport des éléments nutritifs.

En effet, avec la perte hydrique, le volume de sang en circulation se réduit. D'où une accélération du rythme cardiaque à l'effort, de façon à irriguer les muscles, le cerveau, et éliminer les toxines. À défaut de pouvoir reconstituer son stock hydrique, on constate une baisse rapide des qualités aérobiques et un risque d'épuisement.

En chiffres, le phénomène se résume plus clairement encore. À peine 1% de perte du poids corporel (0,6 litre pour un coureur de 60 kg) et la qualité de la performance commence à décroître. **À 2%, la capacité à l'effort est diminuée de 20%. À 4%, il y a un risque majeur de collapsus cardio-vasculaire ou d'hyperthermie d'effort.** Traduit en clair, un danger de coma, voire d'issue mortelle.

Enfin, il faut souligner l'importance de l'hydratation dans l'élimination des toxines et la prévention des tracas musculaires et tendineux. Ce qui est valable durant l'effort, mais aussi dans la phase de récupération et même en amont de la rando. Prévenir en somme, bien gérer l'apport durant l'effort (1 litre à 1, 5 par heure) et veiller ensuite à reconstituer les (bonnes) réserves.

Enchaîner les journées de marche n'est pas seulement une question d'entraînement. Après plusieurs heures d'effort, quelques règles toutes simples pour recharger les accus.

C'est une phase que l'on néglige fréquemment. Et pourtant, de bien s'hydrater, de boire des eaux gazeuses (riches en sels minéraux), mais aussi de manger des fruits frais (qui participent à l'hydratation), une bonne soupe, puis des aliments riches en sucres lents, vous permet de bien récupérer. Allez, on peut s'autoriser un petit génépi, mais ne pas trop abuser des boissons alcoolisées. Tout simplement parce qu'elles participent à la déshydratation. Aux antipodes donc de ce que l'on recherche toute la journée.

10 BIEN GÉRER SON SAC

Le Touareg a son chameau, le colporteur son âne, et le randonneur... son sac à dos. Sa nourriture, son eau, ses vêtements, son couchage, mais aussi sa santé : tout doit rentrer dans cette « caravane à bretelles ». Autant dire qu'il ne faut pas se tromper.

Entre le trop lourd et le trop léger, trouver le juste poids !

C'est un réflexe quasi atavique. Au moment de faire son sac, nous avons souvent cette tendance à entasser abusivement. Mais attention, si l'excès est inutile, l'absence et l'oubli sont encore plus préjudiciables. Une méchante pluie, une chute doulou-reuse, le possible manque d'eau, toutes ces petites « misères » doivent inciter à anticiper. Que mettre alors dedans ? Pour répondre, il faut à la fois penser à la protection (vêtements), le risque d'intempérie, l'alimentation et l'hydratation, la santé et l'hygiène, et enfin... le superflu qui peut garder un peu de place.

Au plan **vestimentaire**, dites-vous que la météo peut être chan-geante, et qu'après la journée, les vêtements de rechange sont toujours utiles. Pour le coup de froid du matin, une polaire épaisse, associée à une première couche (tee-shirt) en matière respirante. Prévoyez aussi, en cas de pluie, une veste imper-méable et (ou) une cape de pluie.
Contre le soleil, une casquette et un foulard permettent de se protéger le cou. N'oubliez pas non plus les lunettes adaptées (indice correct et protections latérales). En période froide, ou au printemps et en altitude, une (ou deux) paire de gants seront nécessaires. Enfin pour la soirée, il est bon de prévoir un change confortable (tee-shirt coton et collant) et une paire de sandales (ou des trainings) pour garder les pieds à l'aise.

Au niveau **santé**, le chapitre est plus tatillon. Une trousse médi-cale se remplit en fonction de vos besoins. Mais au-delà des prescriptions personnelles, on conseillera de placer dans la poche plastique (ou boîte étanche) un antiseptique, des compresses et du pansement, de la double peau (Compeed), un antidouleur (type paracétamol), un anti-inflammatoire en gel (traumatisme ou douleurs articulaires), le collyre pour les yeux, la protection solaire (crème et stick à lèvres)... Il n'est pas inutile non plus de prévoir une pince à épiler (éventuelles épines) et un Aspivenin, si vous êtes allergique aux piqûres, de même qu'une crème anti-moustiques. La liste est longue, mais la boîte est souvent « communautaire ». Enfin prévoyez les lingettes hygiéniques et l'indispensable PQ. Le recours à la feuille végétale n'est jamais un réel plaisir.

À prendre également en compte, l'**alimentation** de chacun(e). Une belle balade tient aussi dans ce plaisir des pauses et du casse-croûte. À caler dans le sac, les barres céréales, les fruits secs, éventuellement des gels pour les randos « sportives ». Quant au repas du midi, priorité au plaisir. Le pain, le vin, le... fromage, les sardines à l'huile, le jambon de pays, le fruit frais : à chacun ses goûts. Mais toujours un sac pour les déchets, à ramener dans la vallée ou au village ! Et un briquet pour brûler ce qui peut l'être. En se disant bien que dans certaines régions et à certaines époques, ce geste est totalement prohibé.

Autre chapitre essentiel, l'**hydratation** ! Prévoyez en fonction des températures, mais aussi de la durée du voyage. Il est bon d'estimer (en gros) à un litre nos besoins horaires. Ajoutez-y la possible chaleur et la difficulté de trouver des sources ou un robinet. Une bouteille (ou une gourde) de grande contenance, associée à une poche à eau n'ont rien d'un luxe. Cette eau est votre carburant.

Enfin le **superflu** et le **divers** ! Les fabricants ont certainement construit les sacs en fonction. Dans les poches, pas trop loin de la main, glissez les jumelles, l'appareil photo et le téléphone (sécurité). Pensez aussi à la lampe frontale, bien utile la nuit en refuge ou au bivouac.

Il reste maintenant à **charger** le sac. L'équilibre de ce dernier, par une bonne répartition des masses, vous épargnera les tracas lombaires et les frictions douloureuses. Il est donc conseillé de placer le « léger » (vêtements ou couchage éventuel) dans du plastique, en bas. Puis de caler les objets les plus lourds (nourriture) au milieu, en les calant aussi avec du léger. La poche à eau dans son rangement, puis enfin les autres choses légères sur le haut. Gardez à portée de main la veste contre la pluie et un vêtement chaud.

Dans la poche du rabat, les lunettes et la protection solaire, de même que le couteau (toujours difficile à retrouver). Voilà donc un sac (à peu près) cohérent. Et s'il vous semble encore trop lourd, dites-vous qu'il s'allégera au fil des heures... et que ce sera, le soir venu, un vrai bonheur de le vider.

Dernier point, un rien « pédagogique ». Le sac est aussi une façon d'anticiper le voyage et de se projeter dans l'avenir. Pour un enfant, il y a une réelle importance à ce qu'il ait le sien et qu'il s'en occupe lui-même. Un enfant « responsable », qui s'investit, c'est aussi, sur le sentier, une forme de sécurité.

Terrain de jeu, de rencontres et d'expériences, la montagne permet aux petits une grande quantité de découvertes. Mais attention, ces randonnées « juniors » ont leurs règles propres, forcément différentes de celles de l'adulte. Avant de s'embarquer pour la balade, quelques repères à ne pas perdre de vue. Le meilleur des balisages !

LE BIEN-ÊTRE DES TOUT-PETITS

Entre 1 et 5 ans, le premier contact nature passe par le « porte-bébé », sur les épaules de la maman ou du papa. **Ici, c'est le confort et la protection qui priment. D'autant plus importants que l'immobilité rend l'enfant plus sensible aux conditions extérieures.**

On conseille donc de limiter le temps de la balade à un maximum de deux heures. Le choix se portera sur des itinéraires faciles, en évitant les heures de sieste et en restant (très) attentif aux conditions météo.

Le choix des vêtements et des accessoires est donc primordial, coupe-vent, chapeau, protections solaires (crèmes et lunettes). Veillez aussi à une bonne hydratation (biberon).

En respectant ces règles toutes simples, quelques jolies virées sont possibles, même sur plusieurs jours. Mais attention encore à l'altitude. Rappelez-vous que les nuitées au-dessus de 1500 mètres peuvent être plus difficiles, et qu'il vaut mieux éviter de dépasser les 1800. Pour les tout-petits, ce peut être une cause de « mort subite du nourrisson ». Pour les enfants à risques (antécédents familiaux, prématurés...), mieux vaut éviter ces étages du haut.

L'ÉPOQUE DES DÉCOUVERTES

À partir de 4 ans, la perception de l'espace se précise. Et le milieu naturel offre alors quantité d'expériences possibles. La marche devient dès lors un prétexte. **Elle permet d'aller d'une découverte à l'autre. On peut ainsi combiner différents « ateliers », la découverte des animaux, des fleurs, l'escalade d'un petit bloc, la construction d'une cabane ou d'un barrage...** Le temps de balade sera réduit (1 h maxi) et elle sera d'autant mieux acceptée qu'elle s'inscrira dans un programme accepté par l'enfant.

L'aspect ludique mis à part, les professionnels insistent aussi sur la nécessité de sensibiliser les petits aux rudiments d'autonomie. Comment faire son sac, ne pas oublier la gourde, les biscuits, les lunettes de soleil... Des gestes tout simples qui deviendront ensuite des réflexes.

COMME LES GRANDS

Entre 7 et 12 ans, la perception des activités change radicalement. L'enfant commence à s'identifier aux adultes. La recherche du plaisir et de l'effort, l'idée de dépassement de soi, deviennent comparables. Mais il faut aussi garder à l'esprit quelques règles, comme de réduire l'échelle de pratique, de ne jamais forcer l'enfant et de privilégier aussi son autonomie. **Avant de vous embarquer dans un projet, discutez-en. Le plus grand danger serait de ne pas l'associer au dialogue préliminaire.** Comme le soulignait ce professionnel de la montagne, « c'est une forme de dévalorisation, qui peut avoir des répercussions graves sur le déroulement de l'activité. »

Enfin les éducateurs insistent sur l'importance du groupe. Les journées doivent prévoir des plages où les jeunes se retrouvent ensemble, hors cadre parental et adulte.

Ce sont toutes ces libertés (et ces contraintes) qui font de la montagne un terrain de jeu et d'expériences privilégié. L'aventure écrit ainsi ses plus beaux souvenirs. On peut alors parier que les enfants devenus adultes, auront l'envie de partager à leur tour, en famille, ce terrain. Magique.

Didier MILLE
(Guide de haute montagne)

LA BONNE ÉCOUTE

"On est souvent surpris par les enfants et cette capacité qu'ils peuvent avoir, si on les met dans de bonnes conditions, à faire des choses très étonnantes, parfois mêmes physiques et techniques. C'est vrai pour toutes les pratiques de montagne, même les plus exigeantes. Mais il faut aussi être conscient que les objectifs que nous proposons, même s'ils sont acceptés, peuvent ne plus vraiment les passionner... s'ils découvrent autre chose de plus stimulant. Nous devons être capables, comme adultes, de nous adapter et de changer un programme en fonction de ce qui les intérese. C'est cette souplesse qui est le meilleur argument de découverte. Et tant pis si on ne va pas, cette fois, « au sommet ». Ce sera à une autre occasion.

L'autre point stimulant tient à la constitution d'un petit groupe, assez homogène en termes de génération. Il est beaucoup plus facile de proposer ainsi une sortie à 6 ou 8 enfants de 12 à 13 ans, plutôt qu'à 2 ou 3. Ils vont ainsi se motiver les uns les autres, et la balade se fera plus aisément qu'au seul contact des adultes. Une façon aussi de s'approprier le lieu, par le biais du groupe. Et de lui trouver un intérêt que l'adulte n'aurait sans doute pas décelé."

12 SANTÉ, LES TRAUMAS DU RANDONNEUR

ENTORSES

Elle est l'une des blessures les plus courantes. Un mauvais appui, une perte d'adhérence peuvent suffire. En général, elle affecte la cheville et plus rarement le genou. Terrain glissant, contact hasardeux, chaussures inadaptées, le pied se dérobe avec des conséquences variables. Pour un dommage bénin, une quinzaine de jours de repos peuvent suffire. Mais sur des traumas plus importants, avec un hématome, un possible arrachement ligamentaire, musculaire ou osseux, le recours à la chirurgie est parfois envisagé.

Autant dire que la consultation est obligatoire. Elle permettra de juger, par des examens appropriés (échographie), de la gravité des dommages.

Le plus souvent, la blessure intervient à un moment de fatigue, lorsque la vigilance au terrain décroît. C'est dire l'importance de garder une attention constante aux appuis... Mais il y a aussi la bonne maîtrise technique qui vous garantit de la blessure. On ne soulignera jamais assez l'importance de la tonicité, cette « qualité » du pied, cette réactivité au terrain, de même qu'une bonne lecture du sentier. Cheville dynamique et anticipation sont deux atouts maîtres contre l'entorse.

Quant aux soins, ils peuvent débuter très tôt...
S'il y a eu formation d'un œdème ou d'un hématome (arrachement ou déchirement lié), la rééducation à proprement parler patiente quelques jours. Il faut commencer par réduire l'œdème, avec de la glace (enveloppée dans un plastique et une chaussette, pour éviter les brûlures), des techniques de drainage, bande compressive, des « trais tirés » qui permettent de résorber les liquides.
Les spécialistes conseillent ensuite de surveiller la mobilité

osseuse. On éviterait pas mal de récidives en travaillant sur les groupes articulaires : tibio-astragalien, cuboïde-scaphoïde et calcanéo-astragalien. Certains massages de mobilisation en « 8 » sont ainsi très efficaces, tout comme le massage transversal profond de Cyriax.

De même en périphérie, il y a une nécessité à travailler sur la mobilité de tous les os des tarses. En associant encore le travail proprioceptif (planche de Freeman, entre autres), on peut recouvrir rapidement une certaine mobilité et des qualités de réaction. Et cela dès les premiers jours, dans le cas d'entorses sans arrachement.

Cela dit, on a souvent tendance à limiter la blessure à la seule zone de souffrance. Dans le traitement de celle-ci ou de la prévention, les ostéopathes portent une grande attention aux groupes musculaires liés. Le jambier postérieur, les longs péroniers latéraux, le plantaire grêle, pour ne citer qu'eux, sont aussi garants de la stabilité du pied.

Et la blessure peut les avoir « spasmés ». Il y a donc lieu de les remobiliser. Même chose au niveau des articulations, à commencer par la tête du péroné supérieur et son mouvement avant-arrière. Ou encore de la hanche. L'entorse peut provoquer un blocage... ou être la résultante d'une mauvaise mobilité à ce niveau. Ce qui est souvent le cas des entorses sur terrain plat, a priori incompréhensibles.

De traiter ainsi la blessure dans sa globalité est une garantie de guérison et de prévention sensiblement meilleures.

MÉNISQUES

La randonnée n'en est pas la cause originelle, et pourtant nombreux sont les pratiquant(e)s qui se plaignent de souffrances récurrentes aux genoux. Une douleur violente en descente, un blocage au moment de se relever : il y a de fortes chances que vos ménisques soient en cause.

Ce coussinet (stratégique) subit en effet de nombreuses contraintes. Et le temps n'améliore guère son état. Usure ou rupture, une certitude pourtant, la solution existe. Même s'il recourt à l'opération, le randonneur peut espérer retrouver rapidement son chemin.

Un petit coup d'œil pour commencer à ces deux coussinets (interne et externe), placés entre le tibia et le fémur. Ils remplissent à la fois un rôle de cale, de stabilisateur du genou et d'amortisseur. Ainsi permettent-ils une meilleure répartition des charges. Tout irait donc au mieux, si ces deux « coquetiers » cartilagineux n'encaissaient aussi des contraintes latérales et des effets de torsion. De par leur position, et une incapacité à se dérober, ils subissent alors de fortes pressions. Avec les conséquences que l'on devine, traumatiques (accidents de sport) ou évolutives.

SYMPTÔMES

Même s'il n'est pas le plus fréquent, on associe souvent cette lésion du ménisque et un blocage soudain de l'articulation. Il survient parfois à la suite d'une torsion brutale. Ce qui est fréquemment le cas dans les accidents du sport (football, ski...). Mais on peut aussi en être victime... tout simplement en se relevant d'une position accroupie prolongée. En raison de la douleur et de l'incapacité de flexion, la marche devient impossible. Aucun doute pour le médecin, il peut diagnostiquer une rupture (totale ou partielle) d'un ménisque. Et d'aider la victime, par une « manœuvre », à retrouver momentanément sa mobilité articulaire.

Autre signal, les douleurs épisodiques, d'intensité variable, au niveau du genou. Le diagnostic devient alors plus délicat. En effet il peut s'agir du ménisque lui-même, mais aussi de possible arthrose, d'usure cartilagineuse au niveau du fémur et du tibia. Le médecin dispose de différents moyens radiologiques (IRM, arthrographie...), qui permettent d'y voir plus clair. Et de choisir une option médicale ou l'autre.

⊐ OPÉRER OU PAS ?

Tout dépend de la douleur ressentie. Il faut déjà savoir que laisser en place une lésion du ménisque n'aggrave pas l'état de votre genou, ni ne complique une opération ultérieure. Dans nombre de cas, le traitement (antalgique et anti-inflammatoire) permet de patienter. Mais, comme le souligne ce spécialiste, *« la seule conséquence risque d'être la persistance et l'aggravation de la douleur. Avec au final une possible incapacité de pratiquer la marche en terrain difficile, ou d'autres activités sportives. À ce moment-là, l'intervention est vivement conseillée. »* Cela dit, on peut y aller sans trop de crainte, tant les techniques sont devenues pointues. L'usage d'instruments miniaturisés et de tube optique permettant de limiter au maximum l'immobilisation, et de faciliter d'autant la rééducation et une possible reprise.

DOULEURS RÉSIDUELLES

Seule ombre à ce tableau, l'ablation du ménisque ne signifie pas pour autant le terme des tracas. Si le cartilage et les ligaments ne sont pas atteints, les résultats peuvent être excellents. Mais attention, à terme, l'ablation n'est pas sans conséquence. Elle peut entraîner au fil des années des risques d'arthrose. Même chose s'il y a eu une atteinte ligamentaire (croisé antérieur), sans réparation chirurgicale de celui-ci. Enfin, en cas de douleurs liées à une arthrose, l'intervention sur le ménisque ne résout rien. On soulage certes l'origine méniscale, mais il reste à résoudre le second problème.

EN DOUCEUR...

... la reprise ! Les progrès ont été tels, l'impact chirurgical à ce point limité, que l'on peut espérer en moins de deux mois retrouver une bonne mobilité. Mais attention tout de même, cette reprise prend ses précautions. Allez-y progressivement. On peut ainsi privilégier le vélo et la natation qui ont moins tendance à solliciter l'articulation.

Si vous appréciez la course à pied, échauffez-vous, assou-plissez vos genoux (mouvements rotatoires) avant de démarrer. Le choix du terrain est aussi important, de préférence souple (pelouse, chemin de terre stable).

Enfin, évitez tous les sports qui impliquent de fortes tensions latérales (ski, football...).

Quelques attentions toutes simples, pour que ce genou-là vous embarque encore très loin !

À prendre très au sérieux ! L'agression lumineuse n'est jamais aussi forte que sur les terrains d'altitude. Plus on monte, plus le rayonnement est important, et d'autant plus nocif que l'air est sec et les surfaces réfléchissantes.

Si belle, la lumière montagnarde, mais d'une violence que nos prunelles ont du mal à supporter. Et ce n'est certainement pas un hasard si les consignes médicales soulignent toujours l'importance des lunettes au moment de préparer le sac. Même si les problèmes rencontrés sont le plus souvent bénins, ils n'en demeurent pas moins fréquents. Un constat qui devient plus évident encore lorsque l'altitude augmente. Effectivement, plus vous vous élevez, plus le rayonnement devient important. Et par conséquent, la quantité des particules nocives. Les ultraviolets (UVA et UVB) pour commencer, à raison de 12 % par palier de 1 000 m, mais aussi les infrarouges (IR) et la lumière visible. Un facteur d'altitude donc, auquel il faut encore ajouter les conditions extérieures, liées à la nature même du terrain. Dans les rocailles, des grandes falaises, les passages de névés, la réverbération devient alors maximale... et les défenses naturelles de l'œil s'avèrent insuffisantes. Enfin, il faut souligner la sécheresse de l'air et une possible insuffisance au niveau de l'hydratation. Des facteurs multiples donc, et qui trouvent avec le mauvais choix du matériel de protection (qualité des verres) toutes les chances de s'exprimer.

Même une exposition réduite –quelques heures à peine- peut suffire. Au final, on constate les mêmes maux : des inflammations de la cornée (kératites) ou des brûlures type « ophtalmie des neiges », caractérisées par de l'irritation, l'impression de grains de sable dans l'œil, et un larmoiement important. Dans la plupart des cas, le repos, la pose de compresses froides et la mise à l'obscurité suffisent à apaiser. Mais il arrive aussi que l'atteinte soit plus profonde, accompagnée de douleurs violentes, d'une altération plus ou moins grave de la vue –jusqu'à la cécité temporaire-, et même de possibles décollements de la rétine.

Plus grave encore, les spécialistes remarquent que l'exposition répétée n'est pas sans conséquence. Des enquêtes médicales, menées auprès des professionnels de la montagne (guides, moniteurs de ski, accompagnateurs), le confirment depuis long-temps. Ces études montrent un nombre élevé de lésions sur la cornée et le cristallin, de même que des atteintes rétiniennes graves et certaines dégénérescences maculaires localisées (DMLA), qui peuvent à terme déboucher sur la cécité. Pour ces professionnels qui pratiquent plusieurs mois par an, il y a donc une réelle attention à porter.

Autant dire que le port des lunettes s'impose comme une évidence, et cela dès le plus jeune âge ! Outre la qualité des verres, une grande attention est à porter aux protections latérales et à la forme de la monture, qui peut éviter les entrées de lumière indirecte. Mais les médecins insistent aussi sur l'utilité des collyres qui aident à protéger la cornée. Le vent, les conditions climatiques extrêmes ont tendance à modifier la qualité des larmes, lesquelles ne remplissent plus correcte-ment leur rôle de filtre. Des larmes artificielles permettent ainsi de compenser l'insuffisance des sécrétions, de même qu'une bonne hydratation. Quelques précautions toutes simples, et qui laisseront à votre montagne, bon pied...bon œil !

DANS LA TROUSSE MÉDICALE

Si vous êtes sensible des yeux, n'hésitez pas à prendre avec vous un tube de larmes en gel (3 à 4 applications quotidiennes). Un produit idéal, qui évite le dessèchement de la cornée. À cela, on peut ajouter une pommade ophtalmique cicatrisante, en cas de problème, et éventuellement un anesthésique. Mais en se disant aussi, que le meilleur des remèdes est... le repos de l'œil, sous une compresse occlusive, laquelle évite ainsi les mouvements (irritants) de la paupière.

LE CHOIX DES BONNES LUNETTES

Depuis 1995, une certification CE (conformité aux exigences) est mise en place pour les lunettes solaires. Cette norme assure d'une part la protection contre les U.V (100%), de même qu'une absorption plus ou moins importante de la lumière visible. Quatre indices ont été établis, de la luminosité faible (1), à la plus extrême (4), spécificité « haute montagne », mais qui trouve aussi dans le désert toute son utilité. La quantité de lumière arrêtée est alors proche des 97%.

Quant au choix des verres, tout dépend là encore du terrain. On se rappellera juste que les verres minéraux ont une qualité optique supérieure, que les organiques et les polycarbonates sont moins chers et plus légers. Quant à la couleur du verre, le gris est le mieux adapté aux lumières extrêmes, tandis que le vert accepte bien les temps variables. Enfin, soyez attentif aux montures. Protections latérales souhaitées, formes enveloppantes, ce qui permet de réduire au maximum le rayonnement indirect. Une sécurité indispensable et que la norme européenne prend aussi en compte.

D - AMPOULES

Halte aux casse-pieds ! Orteils, talon, voûte plantaire, pas un recoin du pied qu'elle ne menace. L'ampoule peut frapper à tout moment. C'est son côté retors, sa vicelarde propension : la phlyctène (nom médical) se joue avec malice de nos plans de défense. Cela dit, il n'est jamais inutile de rappeler ses causes récurrentes. À défaut d'être une garantie absolue contre le douloureux bobo, au moins évite-t-on d'en multiplier les risques. Frottements, humidité, matériel inadapté, quelques prudentes attentions contre cette casse-pied !

L'AMPOULE S'ALLUME...

Quand la peau vient frotter contre un point plus dur. Au fil de l'activité, l'irritation s'aggrave, jusqu'au moment où, sous la brûlure, l'épiderme se décolle. L'espace intermédiaire, rempli de liquide séreux, devient alors particulièrement douloureux. La prévention est donc évidente : elle consiste à limiter toutes les causes de frottements mécaniques, qu'ils soient liés au matériel (chaussures, chaussettes...), ou à l'état de votre pied (ongles, souplesse de la peau, humidité...).

AUX PETITS SOINS

Tout dépend de l'état de l'ampoule. Quand elle est fermée, le premier geste consiste à vider le liquide (seringue stérile), puis à injecter un produit desséchant (éosine, mercurescéine aqueuse à 2 %). Celui-ci va accélérer le durcissement du derme et permettre ainsi une rapide cicatrisation. Et l'on procède de la même manière lorsque la phlyctène est ouverte. Une fois la peau soigneusement enlevée et la plaie nettoyée à l'éosine, vous appliquez un pansement type « seconde peau » (ou un tulle gras, recouvert de collodion riciné), avant de recouvrir d'un pansement. Deux ou trois jours suffisent pour que la cicatrisation se fasse... et que vous puissiez repartir du bon pied !

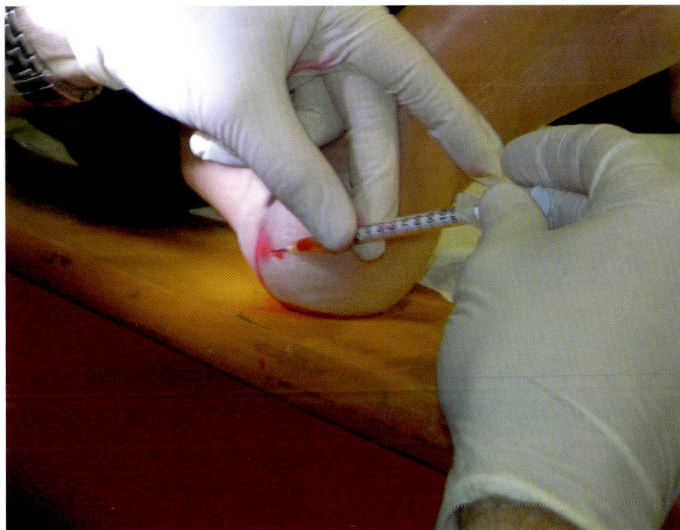

↗ PRÉVENIR PLUTÔT QUE GUÉRIR

Quelques gestes très simples suffisent. À commencer déjà par le souci de vos chaussures. Avant de partir, faites-les à votre pied, et prévoyez toujours une pointure supérieure, ce qui réduit la compression pendant la marche. Autre attention, les chaussettes : le pur synthétique est à proscrire ! De même que les modèles aux coutures agressives. Enfin, on pourrait aisément éviter les problèmes d'ampoules... en surveillant un peu l'état même de nos pieds.

Dans cette optique, une petite visite chez le pédicure n'est jamais inutile. L'occasion d'éliminer les épaisseurs de corne, les peaux mortes, qui altèrent la souplesse de l'épiderme. Des ongles correctement taillés (au carré, un millimètre avant la pulpe) peuvent aussi éviter les points de frottement.

Enfin, rappelez-vous que la peau du pied se prépare aussi à l'effort. On peut alors s'inspirer de ce que font les coureurs à pied. Plusieurs semaines avant une épreuve, l'application quotidienne de crème anti-frottements (type Nok, Akileïne...) permet d'assouplir l'épiderme. D'autres ont recours à des badigeons (solution à 5% de formol). Ce produit permet, semble-t-il, une meilleure résistance au frottement et à la brûlure.

LES PIEDS AU SEC

L'humidité (transpiration) est une cause évidente d'ampoules. On peut y pallier en utilisant des talcs ou des pommades antitranspiration. Le choix d'une chaussure légère, dans des matériaux aérés (mesh et synthétique) a également son importance. Les chaussures de ce type permettent un meilleur transfert de l'humidité, et une évacuation optimale de la transpiration. Double intérêt en fait : d'une part, on évite la macération du pied, cause fréquente d'ampoules, mais on réduit aussi le risque de mycoses, autre pathologie bien connue des sportifs.

POUR OU CONTRE ?

Les chaussettes stop-ampoules : présentées comme le produit miracle, la panacée absolue. Moins convaincantes sur le terrain que dans le prospectus. La surépaisseur (talon et orteils) peut aussi être source d'irritations. Au moins aussi efficace, la double épaisseur de chaussette... mais en veillant à la pointure de la chaussure (+1 ou +2).

Soins, l'utilisation d'un drain (fil) : une fois l'ampoule percée, certains conseillent de passer un fil, lequel fait fonction de drain, et permet donc l'évacuation du liquide (sang et eau). Mais attention à l'asepsie. Et ne laissez jamais le fil en place ensuite.

Chaussures techniques : De nombreux modèles de chaussures utilisent désormais le Gore-tex®, membrane imperméable et respirante. Utile certes sur du terrain humide... un peu moins en pays chaud. Car si son étanchéité est reconnue, l'évacuation de la transpiration en pâtit assurément. Pour vos virées sahariennes, optez plutôt pour des chaussures légères... ou des tiges basses (associées à des guêtres pour le sable) qui donnent une meilleure ventilation.

TROUSSE MÉDICALE, RAPPEL !

- Ciseaux, compresses, seringue stérile, désinfectant éosine (mercurescéine aqueuse à 2 %).
- Seconde peau (type Compeed). Sparadrap (Elastoplast), pour la prévention des zones sensibles.

EN PRÉVENTION :

- Pommade antifrottements, talc ou produit asséchant.
- Soins pédicures et tannage du pied.

13 NUITÉE EN BIVOUAC

Complice des étoiles, au plus près de la terre, le bivouac est un acte fort dans une randonnée. De ceux qui font briller les yeux...

Le plaisir pur, mais à cette condition aussi d'en maîtriser les clés. Et de se dire que cette nuitée « à la belle » n'est pas toujours volontaire. Le mauvais temps qui s'installe, un retard dans la progression, l'éloignement du refuge ou une perte d'orientation, et vous serez obligé de poser le sac en terrain sauvage.

Première attention donc, bien choisir **l'emplacement** où vous allez poser le couchage ou planter la tente. En montagne, il faut que celui-ci soit plat et dégagé de toutes pierres. Mieux vaut aussi éviter les creux. En cas de pluie, ceux-ci auraient tendance à se remplir... et votre sac avec. Mais il est aussi important de choisir un endroit réellement sécurit. Les chutes de pierres, la proximité du torrent ou d'un troupeau sont des éléments à prendre en compte.

Mêmes attentions si vous bivouaquez sous d'autres cieux. Dans le désert notamment, les nuits peuvent être glaciales. Températures négatives auxquelles on peut pallier en se rapprochant des rochers, les derniers à avoir reçu le soleil (orientation ouest). L'effet « radiateur » perdure alors de longues heures. En revanche, évitez la proximité des touffes d'herbes et des broussailles, comme du bois mort (reptiles, scorpions). Et ne sortez votre couchage qu'au dernier moment.
Quant aux déplacements nocturnes, ils se feront toujours chaussés. En prenant bien soin, avant d'enfiler sa chaussure, de vérifier que celle-ci est bien vide !

Dans certains pays africains, c'est la présence des fauves ou d'autres carnassiers qu'il faut sagement éviter. Les spécialistes conseillent alors de tenir un feu ouvert, ou encore de s'entourer de broussailles et d'épineux. De même, en forêt équatoriale, la prudence veut que l'on s'isole du sol. Le hamac devient alors le meilleur refuge.

Une fois cette place déterminée (montagne), protégez le couchage avec un petit muret de pierre circulaire. En altitude, c'est une précaution contre les vents et les courants d'air.

Maintenant, il ne vous reste plus qu'à allumer le réchaud. Mais là encore, ayez le bon goût de bien veiller aux déchets. Les emballages vides, les pelures d'orange, la boîte de sardine ou la bouteille de vin de pays mettent des siècles à se décomposer. Brûlez (si possible) ou ramenez le reste dans un sac plastique solide. Précautions aussi à vos besoins. On aura le bon réflexe d'enterrer les excréments et de brûler le papier toilette. **Pensez à celles et ceux qui passeront après vous... et ne leur gâchez pas les étoiles.**

MATÉRIEL

Si vous dormez sans tente, il est important de veiller à la qualité du couchage. Les températures peuvent dégringoler d'un coup et rien n'est plus désagréable que de grelotter, toute une nuit, recroquevillé au fond du sac. Soyez donc attentif à la température « confort » (voir chapitre matériel). Si le climat est pluvieux, il est bon de prévoir un sur-sac étanche, et de prêter attention au tapis de sol, les dimensions (1,20 m x 0, 50 m) et d'épaisseur suffisantes. Petite préférence aux autogonflants (avec leur kit de réparation).

14 LE RESPECT DE L'ENVIRONNEMENT

Chapitre sensible ! L'époque est aux précautions écologiques. Et la randonnée, comme toutes les activités de pleine nature, a son impact sur l'environnement. Ce qui implique tout un éventail de réflexions... et de comportements adaptés.

Nous sommes, chaque année, une trentaine de millions à pratiquer des activités de pleine nature. Qu'il s'agisse de la randonnée, du VTT, de l'escalade, du canyon, du ski, du cheval et bien d'autres encore, chacune a son impact. À nous de le limiter, en respectant quelques gestes simples.

Plus qu'une réglementation, il s'agit d'un état d'esprit. La responsabilité de chacun(e). Et elle ne concerne pas seulement le cadre strict de la randonnée. En amont, comme en aval, elle a sa cohérence.

À un niveau différent, les villages, les stations s'impliquent aussi dans des actions ciblées. Il peut s'agir de la construction (matériaux certifiés), d'énergies alternatives, de l'usage limité des engins, de l'économie de l'eau (retenues collinaires pour les canons à neige), de la gestion des déchets, du nettoyage des sites, mais aussi... des contrats de travail, de l'hébergement de son personnel.

Cohérence donc du pratiquant comme de ceux qui détiennent l'outil économique. Des certifications existent (Iso 9001, QSE...). Elles témoignent de cet engagement des communes à la préservation de leur patrimoine nature.

À notre niveau, ce sont des gestes simples qui permettent de limiter cette pression sur l'espace naturel. Entre autres, le déplacement vers le site de l'activité. Plutôt que de multiplier les véhicules, optez pour le co-voiturage ou l'utilisation des transports en commun, le train notamment.

Sur place, évitez aussi l'utilisation de votre automobile. S'il existe des navettes, n'hésitez pas à les emprunter pour rejoindre le

départ de la balade. Mais on peut aussi être responsable au niveau du matériel. Certaines marques ont opté pour une fabrication plus respectueuse, qui travaille sur le recyclage (polaires et bouteilles plastique vides).

Plus radical encore, certain(e)s choisissent d'acheter du matériel d'occasion, plutôt que de céder au réflexe consumériste. La réparation d'un objet, plutôt que son rachat, participe au même registre.

Enfin, le comportement en cours d'activité traduit aussi votre implication. Il ne s'agit pas de limiter la liberté du participant, mais de garantir dans le temps l'accessibilité du site. Cette sensibilité aux biotopes est le meilleur argument que l'on puisse tenir face à certaines positions radicales, comme celle d'interdire les activités dans certains milieux naturels. Ce que l'on pourrait appeler la « montagne interdite »...

LES GESTES RESPONSABLES

- Respectez les itinéraires balisés. Et gardez le sentier. Le passage répété hors de celui-ci accélère l'érosion et le ravinement.

- Abstenez-vous de cueillettes (fleurs, champignons...) et de prélèvements (fossiles) sur les sites spécifiques (réserves géologiques).

- Ne dérangez pas les animaux. Évitez de trop vous approcher. Une paire de jumelles est mieux adaptée à cette observation.

- Attention au feu. Certaines zones le proscrivent radicalement. D'autres le limitent très précisément.

- Les déchets se gèrent très attentivement. Un principe simple : on ramène ce que l'on a amené. Un sac plastique solide, et vos détritus rentrent avec vous.

- La nature est aussi une zone d'activités humaines. Ne traversez pas les pâtures, ne dérangez pas les troupeaux. Et si un passage existe, refermez bien les barrières derrière vous.

- Sur certains territoires, les chiens sont interdits. Sur d'autres, l'usage de la laisse est imposé. Ce qui limite le dérangement des animaux locaux, sauvages ou domestiques.

- Respectez les zones humides, les rivières, les lacs. Déchets chimiques et autres baignades peuvent perturber ces biotopes.

Pour des infos plus précises : www.mountain-riders.org
Des éco guides téléchargeables sont publiés sur le site.

15 LE TREKKING ET LA HAUTE ALTITUDE

En Europe, les randonnées culminent le plus souvent à un maximum de 3000 m. On franchit donc un palier sensible sur certains trekkings lointains, en Himalaya (camp de base de l'Everest, Annapurna, Makalu...) ou dans les Andes (Atacama, volcans de l'Équateur...).

Comme une sorte d'aboutissement. Le « rêve » de nombreux pratiquants que d'aller marcher sur ces pentes du bout du monde. Le Népal, les Andes, les camps de base des grands sommets alimentent ainsi les catalogues des opérateurs. Accessibles certainement, mais d'une approche qui demande aussi de vraies précautions. Si la randonnée lointaine diffère peu de celle pratiquée sous nos tropiques, l'inconnu tient ici à l'altitude atteinte (plus de 5 000 mètres parfois) et au séjour prolongé (plusieurs nuits d'affilée à plus de 3 500 m).

Comment l'organisme va-t-il réagir à l'hypoxie (baisse de pression atmosphérique et apport moindre en oxygène) ?

Quelles précautions prendre ?

L'information indispensable, les possibles traitements préventifs et les équipements sur place (caisson de compression) ? Autant de questions qui doivent avoir (avant le départ) des réponses précises.

Sans entrer dans le détail, il faut déjà rappeler que l'organisme a besoin de compenser cette montée en altitude et la baisse de pression inhérente. Si, à 3 200 m, la quantité d'oxygène est de 33 % inférieure à celle de la mer, **quand on atteint les 5 000 m, le trekkeur ne dispose plus que de 50 % de cet oxygène.**

Pour compenser cette « dépression », l'organisme dispose de mécanismes d'adaptation. Le rythme cardiaque s'accélère, la tension artérielle augmente au niveau des poumons et une hyperventilation tente de pallier la chute d'oxygène. Autre conséquence de l'hypoxie, les perturbations des fonctions nerveuses et neuroendocriniennes. Le sommeil, la vigilance, l'appétit sont altérés. En résumé, qu'il s'agisse des reins (rétention d'eau), de la circulation, de l'activité pulmonaire (hypertension et hyperventilation), comme du cerveau (troubles comportementaux, maux de tête, insomnie...), cette altitude s'aborde avec précaution. Une bonne acclimatation permet d'en limiter les risques majeurs (œdèmes pulmonaire et cérébral). Mais il convient aussi, **avant de partir, de mieux connaître ses aptitudes face à l'altitude**. À cet effet, un grand nombre de centres spécialisés* pratiquent des tests poussés.

*Renseignements auprès de l'ARPE (Association pour la recherche en physiologie de l'environnement) : 01 48 38 77 57,
ou du service médical de l'ENSA (École nationale du ski et de l'alpinisme) : 04 50 53 69 57.*

LA CONSULTATION SPÉCIALISÉE

Celle-ci va permettre, à la lumière de vos antécédents et de certains examens, de mieux cerner vos réactions à l'hypoxie. Elle consiste en un entretien (expériences passées...) et un test, en conditions d'altitude, à l'effort (30% de la VO2 max, à 4800m), puis au repos. Les réponses ventilatoire et cardiaque permettent d'évaluer vos capacités et d'envisager au besoin un traitement préventif (acétazolamide, type Diamox®) ainsi qu'une progression adaptée.

LE CAISSON HYPERBARE

Même si les précautions sont prises, il reste toujours une part d'incertitude face à l'altitude. On peut bien réagir une année et subir un MAM (mal aigu des montagnes) sévère lors d'un second séjour. Face à ce problème grave, il n'y a guère d'autres solutions que le passage par le « caisson » et une descente rapide, dès

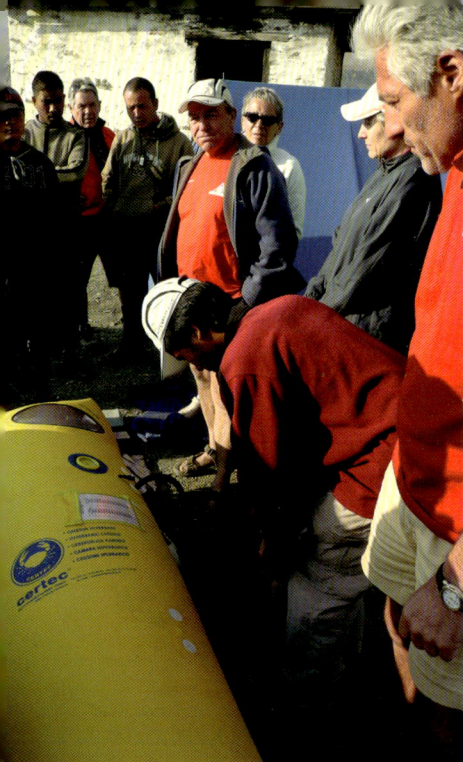

que l'état le permet. Ce caisson hyperbare portable est donc une première garantie de sécurité. Aucun groupe sérieux ne peut désormais s'en passer. Il s'agit ni plus ni moins d'un contenant étanche, mis en pression à l'aide d'une pompe, qui va simuler une perte instantanée d'altitude. Ainsi peut-on descendre en quelques minutes à 2500 m. Le séjour en caisson, selon la gravité du cas, peut durer de une à cinq heures. Il nécessite donc plusieurs personnes qui vont se relayer et assurer ainsi le renouvellement de l'air. Mais insistons bien sur le fait que les bienfaits du caisson ne sont que transitoires.

Et que la descente s'impose ensuite, dans les meilleurs délais.

QU'EST-CE QU'UN MAM ET COMMENT RÉAGIR ?

À des degrés divers, le mal aigu des montagnes (MAM) touche un pourcentage important de pratiquants en haute altitude. Une personne sur deux est atteinte de symptômes bénins. Mais dans 2 % des cas, les complications sont graves (œdèmes pulmonaire et(ou) cérébral). Il est donc important de surveiller attentivement la venue des premiers signes. Ceux-ci se manifestent entre 4 et 8 heures après l'arrivée en altitude, et ce à partir de 3 500 m.

Dans 96 % des cas, il s'agit de **maux de tête**. Puis viennent les cas d'**insomnie** (70 %), la **perte d'appétit** et les **nausées**.

Les médecins spécialisés attribuent ensuite des points :

- Céphalées, perte de sommeil, vertiges, perte d'appétit valent **un point**.
- Maux de tête qui perdurent malgré l'aspirine, vomissements équivalent à **deux points**.
- Essoufflement au repos, fatigue anormale, difficulté à uriner se voient attribuer **trois points**.

Le total des points accumulés détermine la conduite à suivre. :

- **Un à trois points** : aspirine ou paracétamol.
- **Quatre à six points** : aspirine, repos et progression en altitude stoppée.
- **Au-delà de 6 points** : caisson et descente rapide.

LES RÈGLES D'OR

- Ne montez pas trop haut et trop vite. L'idéal serait de respecter une progression quotidienne maximale de 400 mètres positifs, au-dessus des 3 500 m, les premiers jours.
- Tout symptôme doit être considéré a priori comme une acclimatation incomplète.
- Soyez donc vigilant à votre état, comme à celui de vos voisin(e)s. Dès le moindre signe, n'hésitez pas à redescendre !
- Buvez en abondance. Cette hydratation conséquente facilite l'adaptation.
- Ne restez pas trop haut, trop longtemps. Mais sur ce point, aucun trekking ne séjourne à plus de 5 500 m. Une barrière au-delà de laquelle, l'organisme se dégrade rapidement.

Dans son carnet de voyages, elle a coché parmi les plus hauts treks de la planète. Outre les grands classiques himalayens, Martine MARSIGNY innove aussi, à l'image du Snow Man Trek ou des pentes du Kangchenjunga. Une vraie connaissance du milieu « *et une envie aussi de dédramatiser ces approches de la haute altitude* ».

Martine MARSIGNY
*(Accompagnatrice
moyenne montagne)*

Depuis 15 ans que je pars, il y a toujours eu une appréhension d'aller haut. Mais aujourd'hui, avec l'information, et ce focus répété sur le MAM (mal aigu des montagnes), on a une angoisse encore plus forte. Je crois qu'il faut être un peu rationnel. Non, l'œdème cérébral ou pulmonaire n'est pas une fatalité. D'aller en Himalaya, ce n'est pas risquer sa vie. Juste faut-il être bien informé.

Je consacre donc toujours du temps, une journée sur le trek, à sensibiliser les gens, à leur donner des repères sur le comportement à tenir, l'écoute des autres au sein du groupe. Mais surtout de dire que ce MAM peut arriver à tout le monde... même au guide. Il y a des symptômes et il faut les prendre pour ce qu'ils sont. Trop de gens les considèrent encore comme un verdict de mauvaise préparation ou de niveau insuffisant. Et ils vont les passer sous silence, parce qu'ils ont peur que le voyage s'arrête ou qu'on les juge. Moi, j'ai besoin de savoir, pour donner un maximum de sécurité. Je pense qu'un trek, c'est aussi une expérience solidaire. Être attentif à son voisin, se connaître, entretenir le dialogue. Et les risques d'accident en seront d'autant réduits !

Sahara, lointain Gobi, désert d'Atacama, dunes rouges du Kalahari : le désert est une destination privilégiée des randonneurs. Cela tient autant à sa beauté, son histoire que le rythme particulier qu'il nourrit. La rencontre des populations, la confrontation à l'immensité, le cadre quasi philosophique de la pratique en font une expérience unique.

Il y a, dans tous les carnets de piste, un passage presque obligé au désert. La randonnée, qu'elle soit pédestre ou chamelière, retrouve ici un rythme oublié. Sur cet océan de sable, nous redevenons un peu « marins », voyageurs de l'immense. On peut relire les premières pages de Théodore Monod (Méharées) et retrouver cet appel du large.

Car l'attirance pour la dune ne date pas d'aujourd'hui. Tous les grands bourlingueurs s'y sont frottés. On pense à l'Essendilène de Frison-Roche, au Danakil de Thesiger et bien d'autres encore... Puis le voyage s'est popularisé. Mais son approche répond toujours à certaines règles. Pour le respect du lieu et de ceux qui l'habitent.

Fondamentalement, la marche au désert ne présente pas de difficulté particulière. Si ce n'est le sable, parfois mou, les itinéraires se font pour l'essentiel au plat.

Quelques franchissements rocheux mis à part, la progression reste donc simple. En revanche, le milieu bien spécifique induit d'autres attentions. La végétation, les animaux, la rareté de l'eau, la rigueur hivernale, entre autres, sont des paramètres à maîtriser.

Pour que ce sable n'enraye pas la mécanique, il faut déjà garder à l'esprit ses particularités propres, à savoir l'isolement possible et la chaleur inhérente au paysage. Même si toutes les « randos désert » se font en période hivernale, certaines conditions peuvent être extrêmes. La chaleur atteint fréquemment les 35 degrés, mais surtout on peut rencontrer une hygrométrie importante. Cette humidité est le principal écueil que vous aurez à affronter. L'hydratation devient alors plus vitale encore. Quant à la chaleur sèche, parfois tempérée par le vent, ne vous laissez pas surprendre. Bien boire, régulièrement (1,5 l/h), et vous marcherez sans encombre. Enfin, prenez garde à vous protéger. Chèche, casquette, béret basque, peu importe, mais couvrez-vous. Même souci pour les yeux et la peau.

Autre précaution, un minimum de prudence à vos bivouacs. Même si les bestioles sont rares, on évitera de les surprendre. Au moment de ramasser le bois mort pour le thé, attention aux scorpions qui affectionnent ces branchages secs. Même chose pour la vipère des sables. Elle trouve souvent refuge dans les touffes d'herbes... ce qui provoque un grand nombre de morsures chez les chameaux. Rappelez-vous aussi que les nuits sont froides et que vous n'êtes pas les seuls à trouver le sac de couchage (-10° confort) douillet. Ne le dépliez qu'au dernier moment... ce qui évitera aux intrus d'y chercher abri. Vérifiez aussi vos chaussures, le matin. Et ne marchez pas pieds nus dans le sable chaud. Le désert est un milieu sain, mais « piquant ». D'ailleurs un outil indispensable, dans la trousse médicale, que la pince à épiler... ou à « épiner » plutôt. Aucune inquiétude en revanche en ce qui concerne les moustiques. Il existe sans doute quelques oasis sahariennes où le paludisme existe, mais elles sont très rares.

Jean-Luc MOREAU
*(Accompagnateur
moyenne montagne)*

L'ÉLÉMENT PRÉCIEUX

Il y a souvent un bouquin de Frison-Roche à l'origine de la passion. Et ce fut aussi le cas pour Jean-Luc Moreau. Lectures d'adolescence puis au fil du temps, les premiers voyages, il y a vingt ans, sur ces arpents touaregs, puis dans les citadelles du Wadi Rum (Jordanie) ou les solitudes de l'Atacama (Chili). Dans cette habitude qu'il a du désert, le respect tient donc une place centrale, et l'eau, bien évidemment, fait l'objet d'une attention toute particulière.

Je crois que les gens sont conscients de sa rareté. Mais on va toujours insister sur ce respect obligé de l'élément. Il suffit d'ailleurs d'approcher une guelta (résurgence d'eau) pour mesurer toute son importance. Les hommes y viennent, avec le troupeau, mais aussi quantité d'animaux sauvages. Pas question donc de s'y baigner. On prélève le volume nécessaire, sans gaspillage, et on laisse le lieu intact. Un litre est amplement suffisant pour se laver. Et on peut en retirer un immense plaisir...

Mais une rando dans le désert, sa sécurité, son confort, passent aussi par une hydratation suffisante. C'est très important que les gens se désaltèrent suffisamment avant, pendant et après la marche. Je conseille toujours, le soir, de veiller à recharger en liquides, soupe, thé... Et d'avoir une bouteille, pour la nuit, quand vous sentez que la gorge ou les lèvres sont sèches. Même chose le matin, avant d'entamer la journée. Enfin, il y a l'effort lui-même. Plutôt que la gourde, qui nécessite de poser le sac, l'idéal serait la poche à eau et sa pipette. Elle permet de s'hydrater plus régulièrement. Si l'on veut aller au bout de la piste, une vraie priorité !

LA RANDONNÉE GLACIAIRE

Passé une certaine altitude, le sentier s'arrête et un autre voyage commence. Sans être forcément plus technique, la randonnée aborde alors un milieu différent. Elle a donc ses gestes, son approche et ses précautions propres.

LE CHOIX DE L'OBJECTIF

Les randonnées glaciaires, comme leur nom l'indique, ne sont pas des ascensions nécessitant un haut niveau technique et physique. Elles n'en restent pas moins des itinéraires de haute montagne, soumis à des conditions particulières. Une grande attention doit ainsi être portée à la neige. Si celle-ci profite d'un regel nocturne, elle garantit de bons appuis et une progression rapide.

En revanche, une neige lourde, dans laquelle on s'enfonce à chaque pas, rend le cheminement plus fatigant. Mais surtout, elle risque de rendre dangereux certains passages. Les ponts de neige seront alors plus fragiles. De même une descente tardive, lorsque le manteau réchauffe, deviendra moins sécurit. Les crampons vont alors « botter » (sabot de neige qui s'entasse sous les pointes) et perdre toute accroche.

L'horaire et le choix de l'objectif sont donc à surveiller très attentivement.

Autre attention, le groupe lui-même. Il doit être le plus homogène possible. Et si l'on constate une disparité de niveau technique ou physique, le choix de l'objectif doit se faire sur le membre le moins expérimenté.

Il en va de la sécurité de tous. La vitesse de progression, qui est une garantie première de sécurité, sera directement liée au niveau de la cordée.

LE MATÉRIEL

Une randonnée glaciaire demandera d'emporter un matériel bien spécifique, lié à la progression, la sécurité et de possibles manœuvres d'extraction, en cas de chute. Une **corde** : 50 mètres de longueur et diamètre de 9,7 mm. Même si son poids est supérieur à celui d'une corde de randonnée (7,9 mm), elle a cet avantage de moins se bloquer dans la neige. Lors d'une manœuvre, le mouflage risque alors d'être impossible.

Chaque membre de la cordée doit emmener un **baudrier, une**

LA PRÉPARATION DE L'ITINÉRAIRE

broche à glace (qui permet de s'auto-assurer), **deux autobloquants, sangles et cordelettes, mousquetons, cordelette** pour la mise en place d'un mouflage. Enfin, est-il besoin de le rappeler, ce matériel n'est efficace que... bien maîtrisé. Les techniques de cordes, les nœuds, la pose de relais demandent un bon entraînement. Une formation préliminaire est donc essentielle. Les clubs alpins, les agences spécialisées, les guides vous aideront.
Le **piolet** et les **crampons** (bien ajustés).
Dans le **sac**, il est également important d'anticiper le possible changement météo (veste et pantalon coupe-vent), la perte éventuelle de gants (une paire de rechange). En cas d'accident, prévoir aussi un moyen de communication (alerte radio ou téléphone portable), la couverture de survie et une trousse médicale de première urgence. N'oubliez pas non plus les protections solaires habituelles (crème et lunettes) et la lampe frontale, indispensable pour les approches matinales, avant le lever du soleil.

L'attention au parcours tient ici d'une importance première. Même si le glacier présente un grand nombre de traces, lesquelles facilitent grandement la progression, il est important de rester vigilant. Ne pas suivre aveuglément la cordée qui vous précède, peut vous éviter bien des désagréments. L'étude préalable de la carte (1.25 000e) permet ainsi de mieux aborder le terrain et d'anticiper les éventuelles zones à risques (moraine, rimaye, zone de crevasses, ressaut plus raide...). Et cette préparation sera d'autant plus importante par temps maussade, tombée de brouillard, chute éventuelle de neige. L'étude préalable de la carte, puis sur le terrain une maîtrise de la boussole et de l'altimètre, sont des gages de sécurité.

LA CONDUITE DE LA RANDONNÉE

Une fois monté au refuge (réservation utile), la course se construit déjà en partie la veille. Auprès du gardien, toujours au courant des itinéraires, confirmez les bonnes conditions et la météo du lendemain, l'évolution à 48 h, le vent, l'isotherme (altitude minimale du point à zéro degré).

Il n'est jamais inutile non plus d'aller reconnaître l'accès au glacier. Ce qui risque d'être plus complexe, le lendemain, de nuit ou si le brouillard brouille les cartes. Enfin, confirmez une fois encore, au vu de la carte et de l'éventuel topoguide, l'horaire optimal. Il déterminera l'heure du lever, mais aussi la vitesse de progression.

Et ce souci permanent continue de prédominer le lendemain. L'attention portée aux conditions météo, au terrain glaciaire, au matériel, au respect de l'horaire tout comme à l'état des participants, ne se relâche jamais.

LA DESCENTE

Attention là encore ! Une course ne se limite jamais à la seule ascension. Parce que les conditions en milieu de journée vont changer, la neige devenir plus lourde, la stabilité des ponts de neige incertaine, la fatigue aussi influer sur la progression et la vigilance... Autant de paramètres qui nécessitent d'être attentif jusqu'au terme de la randonnée.

En résumé, si la randonnée glaciaire peut être envisagée par de nombreux pratiquants, elle demande une maîtrise parfaite de certaines règles de base. La formation est donc nécessaire. Ou, à défaut, de recourir aux guides, aux agences spécialisées ou à des séjours formateurs. Ses initiations ont l'avantage de vous ouvrir le terrain d'altitude, de vous familiariser avec les techniques... et de vous préparer plus tard à gérer ces sorties de façon autonome.

Jeff TRIPARD
(Guide de haute montagne)

UNE AUTRE MONTAGNE

Avec la fin du sentier, commence une autre randonnée. Plus sauvage, plus engagée parfois, mais d'une incomparable beauté, elle ouvre l'altitude et les lisières de l'alpinisme.

Pour Jeff TRIPARD, guide et fondateur d'Allibert, ce domaine peut être accessible à de nombreux marcheurs. À cette condition de respecter certaines règles.

Quand vous quittez le sentier, c'est un changement de milieu auquel il faut être préparé. Il n'y a plus de trace, ou très peu, c'est de la moraine, des amas de rochers, avant de passer sur la neige ou la glace, dans un terrain qui sera parfois raide, crevassé, en tout cas totalement différent de ce que l'on vient de quitter. Je pense donc qu'il faut déjà se préparer à ce changement. C'est vrai en ce qui concerne la simple progression déjà. Et sans même avoir à chausser les crampons, maîtriser les appuis, avant d'aller vers les rudiments de l'alpinisme.

L'autre aspect important tient à la discipline de progression, elle aussi directement liée au milieu. On est sur un terrain d'altitude. Il peut faire très froid ou très chaud, les conditions peuvent être changeantes, neige dure, glace, ou au contraire molle à mesure qu'elle se réchauffe. Il est donc très important de respecter les horaires et une progression constante. Se dire que les étapes sont encore plus longues, plus dures physiquement, et qu'il faut toujours anticiper. Sans parler des techniques de progression, de la corde, du matériel, il y a une approche de ce milieu très attentive. Et ça ne s'improvise pas.

RANDONNÉE   *les chemins à suivre*

18 LA RAQUETTE HIVERNALE

Son succès n'est pas un hasard. Si la raquette convainc aussi largement les pratiquants, c'est qu'elle rend possible la découverte hivernale, sur du terrain neigeux, accessible jusqu'alors aux seuls skieurs. Mais cette apparente simplicité ne doit pas occulter les particularités du milieu hivernal. Et cela d'autant plus que l'on peut progresser en altitude, au-delà des limites forestières. Ces espaces s'abordent bien informés, bien équipés, et avec une attention toute particulière au manteau neigeux.

Des os de rennes, des gravures retrouvées en Sibérie et en Alaska font remonter l'usage de la raquette au néolithique, soit en gros 9000 ans avant notre ère. Les Paléo-Esquimaux s'en servaient alors pour la chasse, la traque du renne, du renard, de l'ours, les grandes traversées en forêt. Et ce sont ces mêmes engins, ces tressages de bois, de lanières de cuir, que les trappeurs vont utiliser ensuite. Très larges, très longues aussi, elles leur permettent de progresser sur ce terrain particulier, neiges profondes et absence de relief. La portance est maximale... mais sa forme ne permet pas le franchissement des pentes, tant en descente qu'en montée. Pour aborder ces déclivités, il faudra que le matériel évolue. En arrivant en Europe, la raquette va s'adapter aux espaces montagnards, gagner en dynamisme, en stabilité, en accroche... Plus courte, plus rigide, avec ses cales de montée, ses crampons frontaux et ses rails latéraux, taillée pour... la rando hivernale.

TECHNIQUES DE PROGRESSION

Aucune difficulté particulière à acquérir les fondements de la progression. Vous savez marcher ? Vous saurez « raquetter ». La marche est effectivement la même, à savoir un pied devant l'autre, les bras en balancier, accroche du bâton opposée au pied qui avance.

Pour le positionnement de la raquette, en revanche, il est bon de ne pas trop soulever le tamis. Pas de mouvement trop accentué donc, sauf dans une neige profonde ou croûtée, qui s'affaisse sous le poids. Sinon, le mouvement est fluide, et la raquette effleure la surface neigeuse. Une technique de progression harmonieuse et qui limite aussi la fatigue. Autre

point important, on cherche une adhérence maximale du tamis. Sur **terrain plat**, le poids du pratiquant se répartit ainsi de façon homogène sur toute la surface de la raquette au contact. Tandis qu'en montée, cette charge sollicite plutôt le tiers avant, et en descente, au contraire, la partie arrière du matériel. Ce qui est, en fait, un positionnement très naturel, dû à l'inclinaison du corps.

Sur un **terrain pentu**, dans les traversées en dévers plus spécialement, il est important d'éviter le contact latéral, en « prise de carre ». La raquette n'est pas un ski. Mais si la pose doit être le plus horizontale possible, garantie de sa tenue, on devra au préalable tasser la neige et préparer ainsi l'appui. La raquette est alors perpendiculaire à la pente, pour se trouver une position plane et stable. De cette manière, on va progresser par lacets successifs et s'éviter le « tout droit », qui sollicite beaucoup plus les mollets. Autre inconvénient de cette montée directe, elle perd souvent de son efficacité, l'appui qui se dérobe au moment de la poussée. Plutôt que cette déperdition d'énergie, on privilégie donc la montée en virages successifs, le choix de la pente la plus douce, avec les cales de montée, lesquelles limitent aussi la sollicitation des muscles du mollet.

Dans tous les cas, montée comme descente, la **position du corps** est à l'aplomb du centre de gravité. Bien campé sur les raquettes donc, sans se pencher trop vers l'avant ou l'arrière. Tout est ensuite une question de sensations. En phase de montée, le corps s'incline très légèrement vers l'avant, et la poussée s'effectue par l'avant de la raquette. Tandis qu'en descente, on est positionné sur l'arrière, le centre de gravité

Quant aux **bâtons**, ils contribuent autant à l'équilibre qu'à l'efficacité de la progression. Le haut du corps participe ainsi à l'effort et réduit d'autant la charge sur les jambes. Ce mouvement, tout comme celui des bras en temps habituel, est alternatif. Et c'est la dragonne qui permet son retour vers l'avant, comme en ski de fond. Ce qui permet également de détendre le bras entre deux poussées. Mais attention tout de même au terrain ! Lorsque ce dernier est dégagé, l'usage dynamique de la dragonne a un réel avantage. En revanche, en forêt, dans des zones de caillasses (karst), dans les descentes, le bâton peut se bloquer sous une branche, dans une racine ou une faille. Et la dragonne peut répercuter, au niveau de la main, du bras ou de l'épaule, cette tension. Mieux vaut donc progresser sans la lanière du bâton.

Enfin dans les **progressions en devers**, et plus encore lorsque la pente est prononcée, la prise des bâtons diffère à l'amont et à l'aval. On peut ainsi saisir celui du bas par la poignée, voire même s'appuyer de la paume de la main sur l'extrémité supérieure. Tandis que le bâton amont se prend par la partie métallique, plus ou moins haut selon la pente.

PRÉCAUTIONS AU MILIEU

Cette maîtrise technique (facile à acquérir) ne doit pourtant pas faire oublier combien le terrain hivernal demande de grandes attentions. Mis à part le froid et l'équipement nécessaire (chaussures étanches, vêtements chauds et respirants, protections solaires...), la raquette demande surtout une grande vigilance à la neige (voir chapitre météo).

Cette dernière a des humeurs changeantes, selon le terrain,

son exposition, l'inclinaison du relief, le réchauffement des températures, l'importance de la dernière chute... À défaut de posséder toutes ces subtilités, il est déjà bon de s'informer sur les conditions et de confirmer ensuite auprès des habitués (guides, accompagnateurs, gendarmes...). Une randonnée en raquettes se prépare avec une attention maximale. Son tracé ne correspond que rarement à l'itinéraire estival. Il doit prendre en compte des paramètres différents. Même sur des randonnées balisées, faites-vous confirmer leur bon état. Et si vous abordez l'étage supérieur, il est essentiel que le parcours soit minutieusement préparé. Ce qui demande une réelle maturité de pratique.

En termes de stricte sécurité enfin, même si toutes les précautions sont prises, l'éventualité d'une avalanche n'est jamais écartée. Et le seul recours possible, lorsqu'une personne est emportée, reste la recherche par ARVA (appareil de recherche aux victimes d'avalanche). Le principe est simple. Il s'agit d'un appareil récepteur-émetteur. En cas d'ensevelissement, la victime équipée d'un Arva peut être localisée par l'appareil en surface. Simple... À cette condition de savoir le manipuler correctement et de garder évidemment les appareils branchés, dès le début de la rando. Mais pour que cette recherche soit efficace, dès que la position de la victime est connue, il faut encore l'extraire de la neige. Outre l'Arva, il est essentiel que chaque pratiquant emporte une **sonde** et une **pelle**. Deux outils indispensables à la recherche de la victime. En bref, l'Arva doit être régulièrement contrôlé... et votre capacité à l'utiliser tout autant. Il n'est jamais superflu, en début de saison, de réviser les acquis.

Patrick BOUCHERAND
(AMM Allibert
et grand voyageur)

ATTENTION FRAGILE !

Sur les pentes de la Belledonne, des Bauges ou de la Chartreuse, Patrick embarque chaque hiver. Un milieu dont il apprécie le silence, la quiétude, mais aussi la grande fragilité.

La raquette a permis d'ouvrir ce paysage de neige, mais il faut être bien conscient que l'époque induit aussi une grande fragilité du milieu. La pratique doit prendre en considération cet élément. Les espèces animales, par exemple, peuvent être particulièrement exposées. Chez les animaux qui hibernent, troubler ce sommeil hivernal peut être fatal. Mais c'est également le cas pour d'autres espèces, des renards, des oiseaux nicheurs comme le tétras-lyre, les écureuils aussi. Il ne faut pas déranger leurs habitudes. C'est la même chose pour les végétaux. La neige est un isolant thermique. Si vous découvrez un arbrisseau, celui-ci sera alors exposé au froid, et au printemps, la relève végétale sera compromise. Ce que l'on peut faire ? C'est assez simple. Respecter les traces, ne pas les multiplier, et rester sur les itinéraires. De cette manière, on réduit l'impact... et on s'épargne aussi de gros tracas. Hors trace l'hiver en montagne reste un gros facteur de risques !

19

LE NORDIC WALKING

Apparu dans les pays nordiques, très populaire chez nos voisins anglo-saxons, le « nordic walking » se pratique sous une forme urbaine ou campagnarde. Chez nous, en revanche, il a rapidement évolué vers la montagne et des déclinaisons plus sportives que la randonnée classique.

Deux millions de pratiquants outre-Rhin et une cinquantaine d'épreuves au calendrier, cette forme de randonnée se pratique aussi bien en milieu urbain que sur du terrain nature.

En Belgique, en Autriche, en Grande-Bretagne, elle a ses rassemblements majeurs, à l'image de la « Moonwalk » de Londres et ses 20 000 participants. Ces évènements traduisent sans doute une demande « sociale », tout comme le marathon ou certains trails populaires. Au-delà de la seule performance, le besoin de se retrouver, de tisser des liens, de la proximité, alors que nos pratiques sportives ou de loisirs se font le plus souvent en individuel.

Autre caractéristique, et non la moindre, cette discipline touche en majorité un public « senior », souvent des plus de 55 ans, en majorité des femmes et d'origine plutôt citadine.

Pour en venir à la pratique elle-même, il s'agit de marche donc, mais avec l'aide de bâtons. Ce qui facilite d'une part la progression, mais présente aussi l'avantage de solliciter les groupes musculaires du haut du corps, bras, épaules, poitrine. Quant au terrain lui-même, le « nordic walking » sort de plus en plus de la cité.
Et les chemins de montagne peuvent s'y prêter volontiers. Notez enfin que sa déclinaison la plus aboutie, avec des sauts, des franchissements et une allure soutenue, n'a rien à envier à la pratique de la course.

Vu l'ampleur des rassemblements, même si l'Europe du sud est encore en retrait, les principaux fabricants se sont donc intéressés au phénomène. Leader mondial, New Balance propose toute une gamme de produits, suivi par ASICS, Reebok ou Nike. Des marques toutes impliquées dans les pratiques à fort caractère sportif.

Fédération de Nordic Walking
8, rue Georges Bizet
94510 La Queue-en-Brie
Internet : www.nordicwalking.fr
E-mail : info @nordicwalking.fr

20 L'ÉQUIPEMENT

L'AFFAIRE EST DANS LE SAC

Pour une randonnée à la journée, quel sac choisir ? L'éventail est large, et les modèles adaptés à des pratiques diverses, plus ou moins actives.

À coup sûr, il est le premier équipement qui vous vient à l'esprit quand vous pensez randonnée ! Et la profusion des modèles n'est pas un hasard. Il en existe des dizaines, pour tous les terrains, toutes les saisons et toutes les envies. Pour vous guider dans l'achat, quelques repères simples.

↗ LE BON VOLUME

Pour des balades à la journée, inutile de prendre un sac trop volumineux. Une contenance de 30 litres est amplement suffisante. Elle permet d'emporter la petite laine du matin (souvent frileux), éventuellement un coupe-vent, la bouteille d'eau, le casse-croûte du midi et les autres objets indispensables (lunettes, crème, en-cas...).

Mais si votre balade se limite à quelques heures, que le repas du midi et le ravitaillement en eau sont fournis, aucun besoin d'un sac de plus de 25 l. À vous de choisir ensuite la forme qui vous convient le mieux, avec des poches latérales (pratiques pour les bouteilles et l'accès rapide à certains objets), ou plutôt compacte, dans le style des sacs de raid ou de montagne.

Ces principes de base, vous les retrouvez ensuite sur des sacs de plus grande contenance, adaptés à des randos longues, des tours de massifs ou du trekking lointain.

↗ LE SYSTÈME DE PORTAGE

À surveiller très attentivement, il en va du confort de la journée. Un sac mal équilibré est source de frictions, de gênes diverses, voire de douleurs dorsales. De préférence, choisissez un modèle avec dos « tendu », qui va laisser un espace libre entre le sac et votre dos. Vous évitez ainsi les frottements, et la transpiration s'évacue mieux. Autre attention, les bretelles ergonomiques, ni trop larges, ni trop épaisses, qui assurent la bonne stabilité sur les épaules. Et une sangle de poitrine, qui évite aux dites bretelles de s'écarter. Veillez aussi à ce que le modèle prévoit un rappel de charge. Ce système permet de ramener le haut du sac contre le dos, et de le rapprocher ainsi du centre de gravité. Quant à la ceinture ventrale, elle empêche le sac de ballotter et de trop serrer les bretelles, source d'échauffement aux épaules.

↗ LES ACCESSOIRES

On peut avoir une préférence pour les poches externes, à soufflets ou latérales. Elles sont certainement plus faciles d'accès (bouteille ou gourde), mais rendent le sac moins compact. Comme alternative, vous pouvez choisir un modèle équipé d'un logement pour la poche à eau, avec une sortie pipette. De nombreux sacs la prévoient désormais. La contenance est variable, parfois jusqu'à deux litres, et elle a cet avantage aussi de permettre une hydratation régulière.

Autre détail non négligeable, les systèmes d'attache. Si vous avez des bâtons télescopiques (ou raquettes, piolet...), c'est un petit équipement pratique, quand vous ne les utilisez pas.

À défaut de sacs spécialement conçus pour le désert, certains petits détails sont à surveiller, et qui rendent le portage plus agréable. À commencer par la qualité du dos. Qu'il soit aéré est une bonne chose. L'air circule mieux et la transpiration s'évacue plus facilement. Mais la qualité de la mousse a également son importance. Elle sera de préférence perforée. Pour le reste, il reste à inventer le sac du troisième millénaire : étanche au sable, isolé thermiquement, qui recharge, grâce au soleil, vos batteries d'appareils photos ou de camescopes. On peut parier que les techniciens ont déjà planché sur le sujet.

CHAUSSURES

Choisissez avec soins vos « pneumatiques ». Ce sont eux qui vous portent, qui vous assurent la bonne tenue de « route », la sécurité dans les passages techniques, l'adhérence sur le rocher, mais aussi le confort, sans lequel la rando peut virer au calvaire.

TIGES HAUTES

Aucun doute, ces modèles hauts restent les mieux adaptés à la randonnée. Parce qu'ils sont le plus souvent étanches, que la rigidité de la semelle offre un maintien idéal, que les malléoles sont protégées sur le terrain cassant, vous optez ici pour la sécurité. Seul inconvénient, leur poids. Mais le confort est à ce prix.

↗ TIGES BASSES

Évolution notoire des habitudes, de plus en plus nombreux sont les pratiquants à opter pour des chaussures à tige basse. Celles-ci gagnent certainement en poids et en aération. Et ces modèles légers ne perdent plus beaucoup en technicité.

En comparaison d'un modèle haut, le poids peut être réduit de moitié. Autre argument, le dynamisme général qui rend ces chaussures très « nerveuses » dans les appuis, proches en cela des produits sportifs, typés « trail ». Enfin, autre atout en période de chaleur, on appréciera l'aération. Le pied respire mieux, la transpiration s'évacue plus efficacement. Des qualités appréciables donc... mais qui ont aussi leurs défauts inhérents. La tige basse protège mal du sable et des cailloux. Enfin, sur du terrain très instable, dans la caillasse, la malléole est plus exposée.

↗ CUIR OU SYNTHÉTIQUE ?

Tout dépend du terrain et de la pratique. Pour des trekkings légers, sur du chemin sablonneux ou peu cailouteux, les tiges synthétiques sont largement suffisantes. Associées à du mesh, elles ont surtout l'avantage d'une meilleure ventilation, d'où une évacuation optimale de la transpiration.
En revanche, sur des pistes ou des sentiers cassants, le cuir s'avère plus résistant à l'usure, aux chocs et à l'abrasion. Une garantie non négligeable si l'on veut faire durer la chaussure plus d'une saison !

AMORTI ET STABILITÉ

Là encore, selon le matériau utilisé, la semelle a des qualités différentes. Très performant, l'EVA convient idéalement aux pratiques intensives. Il rentre d'ailleurs dans la fabrication des chaussures de course à pied, pour lesquelles l'absorption des chocs est primordiale.

Cela dit, ce matériau vieillit assez mal. Et il perd alors une grande partie de son amorti. Ce qui n'est pas le cas du PU, plus rigide certes, moins confortable aux premiers appuis, mais sensiblement plus résistant. Notez enfin la possible association d'autres matières (gel, air...) qui peuvent améliorer aussi le confort.

À noter enfin, sur certains modèles, l'insertion d'une plaque antitorsion qui assure de la rigidité latérale. Là encore, tout dépend du terrain pratiqué. Sur du sentier montagnard, ce type de chaussure est appréciable, avec une tendance moindre à se tordre dans les dévers et les appuis instables.

UNE SEMELLE QUI MORD

Sur la plupart des modèles, tiges hautes ou basses, vous retrouverez les mêmes matériaux, la célébrissime Vibram® (ou similaire) notamment. Ce qui donne à la fois un excellent grip (adhérence sur rocher), une accroche optimale dans le caillouteux, et sur du terrain humide, une bonne évacuation de la boue. Enfin, ce genre de semelle présente une meilleure résistance à l'abrasion.

Nombre de fabricants argumentent sur l'utilisation du Gore-Tex® (ou membrane du même type). Indiscutable intérêt quand les conditions sont humides ; moins évident lorsque la saison est sèche et chaude. En effet, le Gore-Tex, aussi respirant soit-il, évacue moins bien la transpiration qu'un synthétique simple ou un mesh. En revanche, si vous partez en période de pluie, il trouve un réel intérêt, étanchéité garantie.

Certainement le domaine où la « technologie » a le

VÊTEMENTS, LE SYSTÈME « TROIS COUCHES »

plus évolué. Nos vêtements contemporains sont chauds, confortables, étanches et respirants. Mais attention, pour que le système marche, il faut respecter le bon transfert de l'humidité vers l'extérieur. Donc associer des matières qui assurent toutes le même principe. Ce que l'on appelle le « trois couches ».

↗ PREMIÈRE COUCHE

Elle est au contact de la peau, et pour que la sensation de confort soit optimale, elle doit donc sécher rapidement et trans-férer l'humidité (transpiration) vers les couches supérieures. Par temps chaud, aucun doute que le coton est le plus agréable. Peu importe s'il garde l'humidité (hydrophile).
La sensation serait plutôt rafraîchissante. En revanche, lorsque la météo est au froid, cette première couche doit être chaude et respirante. On privilégie alors les fibres synthétique (polaires légères), pour les qualités hydrophobes.

DEUXIÈME COUCHE

C'est elle qui assure votre protection au froid. La fibre polaire classique est certainement la plus pratique d'utilisation. Mais par temps très froid et sec, on peut aussi opter pour le duvet (oie ou canard) qui offre des qualités supérieures et une légèreté incomparable.

TROISIÈME COUCHE

Parce qu'elle est imperméable, cette dernière couche a pour principale fonction de vous protéger de l'humidité. Mais l'avantage de ce vêtement est aussi d'être respirant. Donc de continuer à évacuer une partie de l'humidité résultant de la transpiration.

Entre le corps et l'extérieur, le système « trois couches » s'exprime ainsi parfaitement. Notez enfin qu'il existe des polaires équipées de membranes, lesquelles ont pour qualité de « couper » le vent. Une option intéressante si la météo est sèche.

Pas de récupération nocturne sans un bon sac de couchage. À la belle étoile, en refuge, sous tente, choisissez celui qui va convenir aux conditions météo et à votre aptitude à supporter le froid. Un large choix est possible, duvet ou synthétique, pour passer la meilleure des nuits.

Premiers critères à prendre en compte, la température pour laquelle le sac de couchage a été élaboré. Les fabricants donnent trois chiffres... ce qui ne profite pas à la clarté du propos. On peut donc conseiller à l'acheteur de ne prendre en compte que la **température de confort**. Elle est déterminée par le bien-être du dormeur, en position dos et décontractée.

Deux autres chiffres sont donnés par les firmes. La **température limite de confort**, laquelle correspond à une position recroquevillée, en limite de sensation de froid. Enfin, on donne aussi pour indication la **température extrême**, qui donne une limite d'utilisation,

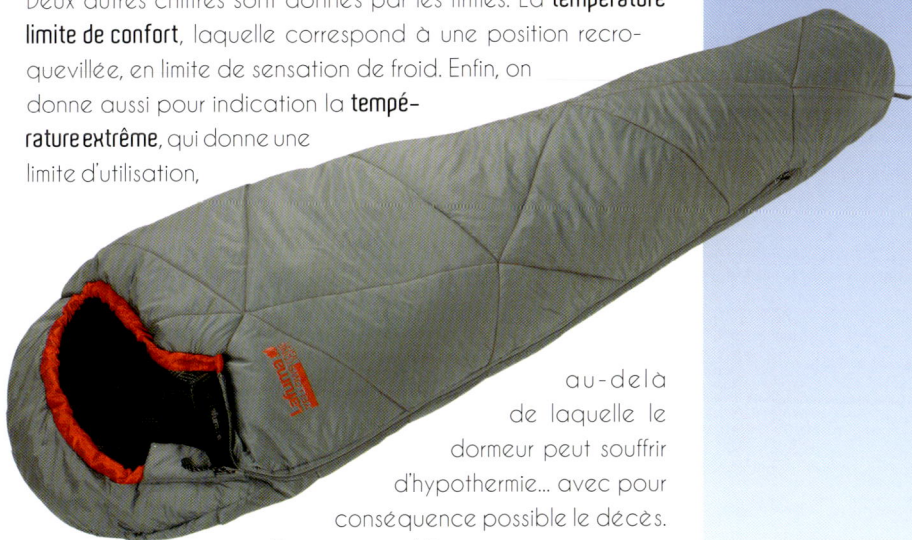

au-delà de laquelle le dormeur peut souffrir d'hypothermie... avec pour conséquence possible le décès. Toutes ces différentes températures correspondent à la norme européenne **EN 13537**, qui est une

---

garantie de fiabilité et de comparaison possible entre les différents produits. Notons tout de même que les essais sont réalisés en sous-vêtements. On peut donc améliorer de quelques degrés la température d'un sac en dormant couvert, ou en utilisant un drap en soie ou en polaire.

Autre élément déterminant, le choix du duvet (canard ou oie, associé à des plumettes) ou du synthétique. Là encore, tout dépend des conditions climatiques. Le premier a des qualités d'isolation supérieures. Il est plus léger et très compressible. En revanche il souffre de l'humidité. Par temps de pluie ou dans des conditions de séchage difficile, on préférera le synthétique. Beaucoup de progrès ont été réalisés sur ces produits. Et ils ont aussi l'avantage d'être plus économiques.

Autre élément non négligeable, la forme du sac. On distingue les sacs couverture et les sarcophages. Les premiers conviennent plutôt à des températures clémentes, voire les nuitées en pays chauds. Plus adapté à la randonnée, le sarcophage a une forme anatomique qui épouse parfaitement la silhouette et garantit ainsi une meilleure protection thermique.

Pour terminer, rappelez-vous qu'un sac, pour être performant, doit être correctement isolé du sol. Le tapis de sol (mousse ou autogonflant) est donc indispensable. En cas d'intempérie, si votre sac en duvet a été mouillé, séchez-le au plus vite. Autre précaution, lorsque vous rentrez de rando, ne le laissez pas dans son sac. Cela a tendance à abîmer le duvet et lui fait perdre son gonflant.

Comme toujours, c'est la pratique qui détermine le type de tente que vous choisirez. Par temps chaud et sec, on peut se contenter d'un simple abri, un **tarp**, qui s'apparente à une bâche, tendue entre deux bâtons de marche. On obtient ainsi une canadienne ouverte, dont le grand avantage est son poids (à peine 400 g).

Mais lorsque les conditions sont plus rudes, le choix sera celui d'une tente fermée, type **« trois-saisons »**, qui offre à la fois un double toit (nylon ristop), une bonne résistance au vent, un tapis de sol étanche (nylon enduit) et un tissu qui garantit des intempéries. Optez de préférence pour les modèles à double toit, un peu plus lourds certes, mais qui limitent évidemment la condensation à l'intérieur de l'abri.

Pour des raids plus engagés, en hivernale ou sur des campe-
ments d'altitude, les fabricants proposent des produits **«quatre-
saisons »**. Leur conception est étudiée pour résister à des
contraintes maximales, chutes de neige, vents violents. Le
double toit descend ici jusqu'au sol et vous garantit totalement
contre les intempéries.

Les Français ont longtemps été réfractaires aux bâtons. Et pourtant, ils offrent une efficacité accrue en montée et un confort plus grand en descente. Vos genoux vont vous dire « merci ».

CARBONE OU ZYCRAL ?

Même si le premier est plus léger, adopté notamment par les coureurs de montagne, notre préférence ira au zycral (aluminium et zinc) télescopique. D'une part, il est plus solide, moins cher aussi, mais il se replie (trois brins) et se range ainsi facilement dans les sangles du sac. Veillez ensuite à la pointe (tungstène), qui offre la meilleure résistance à l'usure et une accroche optimale. Autre sujet d'attention, la poignée. Légère, souple, avec des dragonnes confortables. Copiée sur les modèles de fond (ski nordique), elle permet un geste assez similaire dans la poussée. En utilisation hivernale (raquette), elles permettent aussi plus aisément les conversions, avec une prise plus basse à l'amont, sur le bas du bâton. Une utilisation hivernale qui va demander aussi un choix de rondelles différent. De taille plus importante pour l'appui sur la neige, alors que les modèles d'été sont étroits, voire même réduits à une simple griffe plastique (course).

Enfin, si vous avez opté pour le zycral, démontez régulièrement les brins et brossez l'oxyde qui se forme au niveau des filetages. Ce qui évite ensuite les blocages.

RAQUETTES

Venues du Grand Nord, les raquettes à neige ont sensiblement évolué sur nos reliefs. Ces modèles privilégient donc la pente, les traversées en devers, l'accroche sur les neiges dures. À vous de les choisir en fonction du terrain. Une randonnée dans le Beaufortain et une virée lapone n'auront pas les mêmes exigences.

LA FORME ET LA TAILLE

Ce sont elles qui déterminent la portance. Plus la surface du tamis est conséquente, mieux vous appréhenderez les neiges profondes. Un critère important sur les terrains plats, les balades en plaine nordique, voire certains paysages forestiers.

Pour ce type de randonnée, les fabricants ont dessiné des modèles longs et larges, type « canadien ».
Mais ces raquettes s'avèrent moyennement agréables en descente, où l'arrière a tendance à traîner. De plus, elles restent peu manœuvrables dans les pentes. Plutôt que ces formes, adaptées aux neiges nordiques, on inclinerait donc à des « tailles de guêpes », qui offrent un bon compromis et restent assez techniques sur le relief.

Lorsque le relief s'accentue, même si ces parties demeurent abordables, choisissez des modèles munis de griffes avant. Et veillez aussi à ce que la raquette soit adaptée à votre poids. Plus celui-ci est important, plus on opte pour des modèles longs qui permettent de ne pas s'enfoncer.

Enfin, sur du terrain alpin, optez pour un équipement technique. Outre la griffe avant, ces modèles sont équipés de crampons latéraux et de rails qui assurent une bonne stabilité et une accroche optimale sur les dévers. Autre avantage, ils disposent aussi d'une butée de montée. Copiée sur les fixations de ski de rando, elle permet de limiter l'effort en montée (mollets) et pente raide.

↗ LES FIXATIONS

On en distingue trois types :

Les modèles souples
Ce sont des attaches à lanières ou en caoutchouc, qui ont cet avantage d'être légères, faciles d'emploi, mais d'une stabilité (très) relative. À privilégier sur du terrain facile, pour de l'initiation et des enfants.

Les fixations mixtes
La pointe avant vient se loger dans un capot, tandis que le pied repose sur une plaque articulée et que l'attache arrière est de type automatique (sur le modèle des crampons). C'est le système le plus couramment utilisé, d'autant qu'il accepte la plupart des chaussures.

Les fixations rapides

Certainement celles qui assurent la meilleure tenue du pied. L'avant est tenu par une tige de métal. Et le blocage du talon se fait également de façon automatique, l'attache arrière se bloquant sur le rebord de la chaussure. Mais attention, ces fixations demandent une semelle rigide (type Vibram), et restent d'un réglage délicat.

On les réserve donc au terrain montagnard, pour leur excellente technicité.

Rappelons enfin, que **ces utilisations en altitude s'apparentent au ski de randonnée**. Et comme telles, elle exigent aussi un équipement de sécurité. Ici l'ARVA (Appareil de recherche aux victimes d'avalanche), la pelle, la sonde (dans chacun des sacs), l'altimètre sont obligatoires. Il serait inconscient de croire que la raquette, d'un abord facile, est une pratique à prendre à la légère.

GOURDES OU POCHE À EAU

En métal, rouge de préférence, cabossée, bouchon vissé, la gourde tient de l'objet emblématique. Des générations de marcheurs ont apprécié sa robustesse et la fraîcheur qu'elle gardait aux liquides.

Autre avantage, celui de ne pas retenir les goûts. En revanche, elle a cet inconvénient, placée à l'extérieur, de s'accrocher dans le branchage ou de se balancer dans tous les sens, et si vous l'enfouissez dans le sac lui-même, sa recherche demande à chaque pause de tout déballer ou presque. Si bien qu'on en arrive à négliger l'hydratation...

ce qui est quand même le pire des paradoxes, pour une gourde.

Conséquence de quoi, nombre de pratiquants ont opté pour la poche à eau.
D'une part, la contenance est plus importante, mais surtout la pipette, facilement accessible (sur la bretelle), permet de s'hydrater à volonté. Pour une utilisation pratique, veillez à ce que l'ouverture pour le remplissage soit simple (vissage ou clip), garantie d'étanchéité. Autre détail important, la pipette qui assure le débit. Par temps très froid, veillez à ce que le tuyau d'alimentation soit protégé (isolation), au risque sinon de voir le liquide geler.

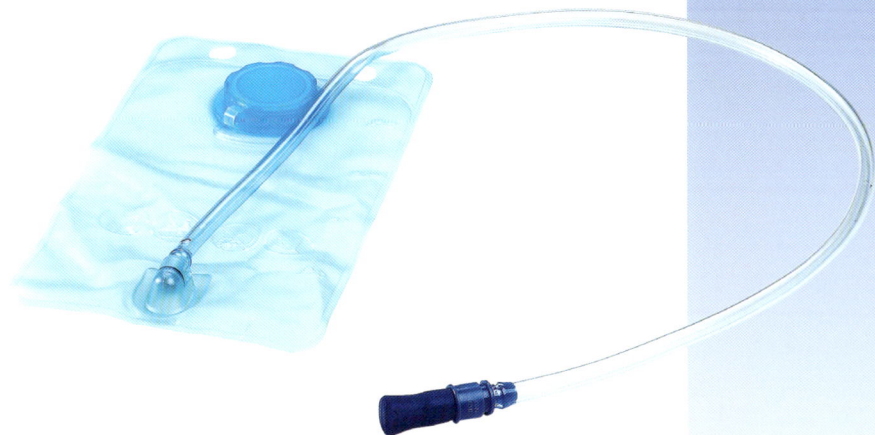

Annexe 1

La **Fédération Française de Randonnée Pédestre (FFRP)** et ses 8000 bénévoles sont à l'origine d'un réseau de sentiers qui dépasse désormais les 180 000 km. De toutes les régions, sur le continent comme dans les départements et territoires d'outre-mer, voilà bien le terrain de pratique idéal, avec pour figure de proue les sentiers de grande randonnée (GR® et GR de Pays®). Près de 65 000 km, balisés, soigneusement entretenus, et qui vont du tour de Paris (GR1) à la traversée de la Réunion (R2), en passant par les Ecrins (GR 54), le Mercantour (GR52) ou Calenzana-Conca (GR20)... Si l'on ajoute à cela les onze grands itinéraires européens, comme l'E1 (Suède-Italie, sur 4 900 km) ou l'E4 (entre l'Espagne et Chypre, et ses 10450 km), une vie y suffirait-elle ?

Pour vous repérer donc sur nos sentiers hexagonaux, voici les balisages officiels de FFRP :

LES TYPES DE BALISAGE

Type de sentiers	GR®	GR® PAYS	PR®
Bonne direction			
Tourner à gauche			
Tourner à droite			
Mauvaise direction			

1 Grande Randonnée / **2** Grande Randonnée de Pays / **3** Promenade & Randonnée

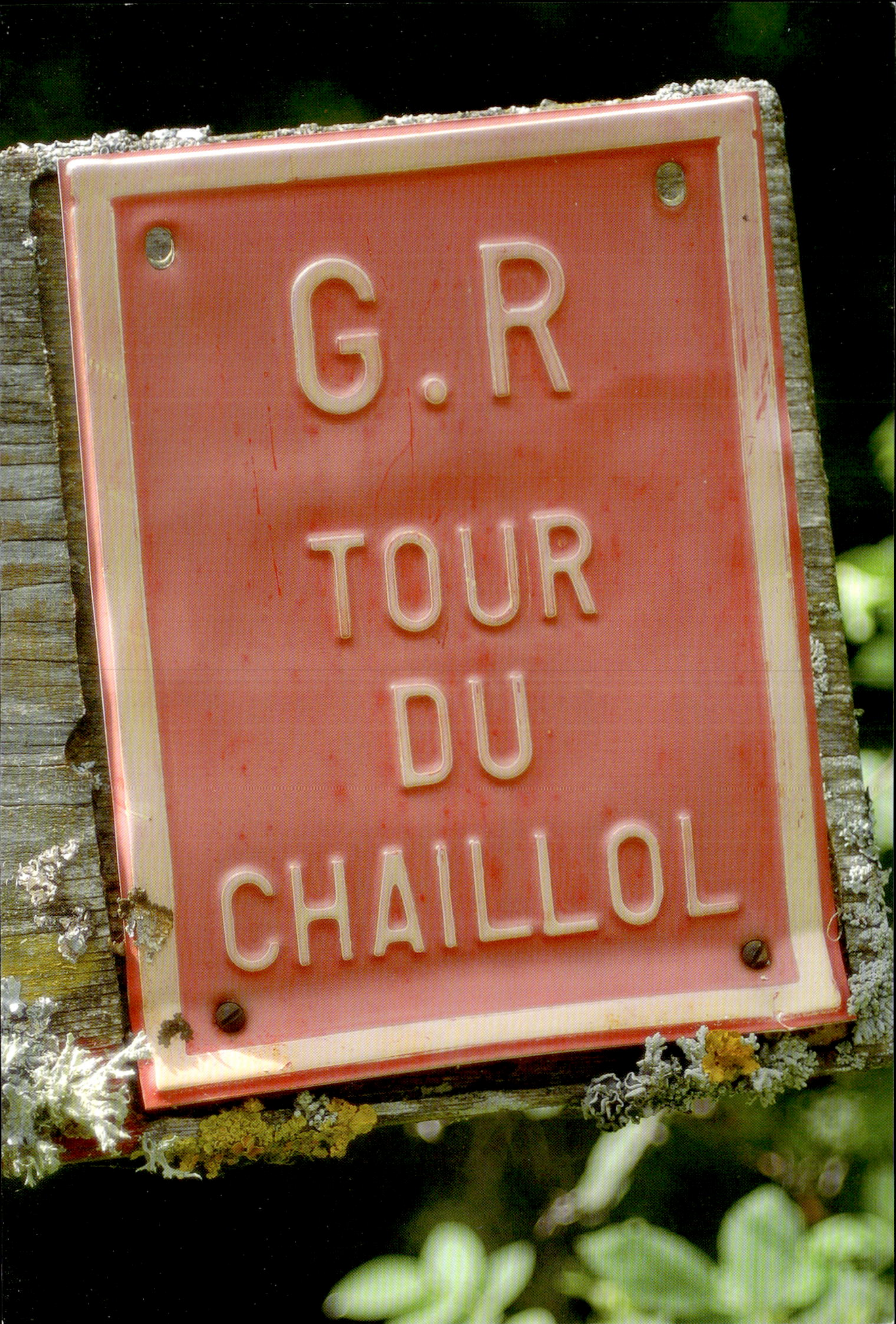
G.R
TOUR
DU
CHAILLOL

Enfin, pour conclure, rappelons que la FFRP, outre la création d'itinéraires, leur balisage, leur entretien et leur protection, s'appuie aussi sur 3000 associations affiliées.

Par ce biais, elle organise des milliers de randonnées tout au long de l'année, pour quelques 200 000 adhérents. Toutes les pratiques s'y croisent. Des balades ouvertes aux non-valides, des randos orientation, des projets pédagogiques...

Enfin, elle tient aussi une place non négligeable dans l'édition de topos et la formation d'accompagnateurs.

Fédération Française de Randonnée Pédestre
FFRP
64, rue du Dessous des Berges
75013 Paris
Tél. : 01 44 89 93 90
Internet : www.ffrandonnee.fr

Autre balise incontournable, le Club Alpin Français (CAF). Créé en 1874, il a eu d'emblée pour philosophie de « rendre accessible au plus grand nombre une pratique autonome et responsable de la montagne ».

Cet esprit perdure toujours au sein de la **Fédération Française des Clubs Alpins et de Montagne** (2004). Mais elle s'implique aussi dans la préservation naturelle, l'aménagement et la dynamisation de l'espace montagnard.

 Enfin, c'est elle qui assure l'entretien et la rénovation de 123 refuges, l'accueil montagnard par excellence. Aujourd'hui, la FFCAM représente quelques 82 000 membres, 240 associations affiliées, 5 000 bénévoles, des éditions (livres et carto-guides) et une revue (la Montagne et l'Alpinisme), la première de ce genre en France.

Fédération Française des Clubs alpins et de montagne
FFCAM
24, avenue Laumière
75019 Paris
Tél. : 01 53 72 87 00
Internet : www.ffcam.fr

La **Fédération Française de la Montagne et de l'Escalade (FFME)**. Même si ses activités sont plus tournées vers les pratiques sportives, l'altitude, voire le très haut niveau en Himalaya et ailleurs, la FFME n'en ignore pas pour autant la randonnée, hiver comme été. Fondée en 1945, associée à des expéditions historiques (Annapurna-1950, et Makalu-1955), elle s'est impliquée depuis à différents niveaux, qu'il s'agisse de la formation d'accompagnateurs ou de stages de perfectionnement.
Dans cet esprit, un « passeport randonnée » a été mis sur pied. Il permet à tous, en 7 étapes, d'aborder tous les étages montagnards, jusqu'à la réalisation (et l'encadrement) de courses faciles.

Fédération Française de la Montagne et de l'Escalade
FFME
8-10, quai de la Marne
75019 Paris
Tél. : 01 40 18 75 50
Internet : www.ffme.fr

Annexe 2

ADRET : Versant sud de la montagne, le plus ensoleillé (par opposition, au nord, l'ubac).

AMONT : En terme de direction ou d'appui, le côté haut (par opposition, l'aval, tourné vers le bas).

ANTICLINAL : Repli sédimentaire tourné vers le haut, les couches les plus anciennes au centre (contraire du synclinal).

ARÊTE : Ligne de partage entre deux versants d'une montagne (synonyme : crête).

ARVA : Appareil de recherche aux victimes d'avalanche. Émetteur récepteur qui permet de localiser une personne ensevelie. Associé à la pelle et à la sonde, il permet d'anticiper l'arrivée des secours.

AZIMUT : Angle de progression par rapport au nord que la boussole indique.

BAUDRIER : Cuissard constitué de sangles, au moyen duquel on peut s'assurer. En cas de chute, le baudrier assure une bonne répartition des chocs et évite ainsi les éventuels traumatismes provoqués par un arrêt brutal.

BIVOUAC : Nuitée en milieu naturel, avec ou sans abri (tente), volontaire ou non.

BRÈCHE : Dans une paroi, une falaise ou une face abrupte, une ouverture qui permet un franchissement plus facile.

CAIRN : Amas de pierre, plus ou moins important, qui aide à matérialiser un passage, un itinéraire, un point remarquable.

COL : (ou port, pas, baisse...) Entre deux montagnes ou sur une ligne de crête, permet le franchissement d'un versant sur l'autre.

CORNICHE : Amoncellement de neige provoqué par le vent, instable de par sa position, plein vide.

COULOIR : Ligne verticale, relativement constante, qui permet un accès rapide au sommet (ou à l'inverse, en descente). On remarquera que les couloirs font office de collecteurs (pierre, avalanche...). À ne pratiquer qu'en conditions parfaites.

COURBE DE NIVEAU : (isoplèthe d'altitude) Ligne imaginaire, sur la carte, qui relie sur un terrain tous les points situés à la même altitude. C'est donc l'intervalle (plus ou moins important) qui va donner une représentation du terrain. Plus l'intervalle est réduit entre deux courbes de niveau, plus le terrain est escarpé.

COURSE : S'applique à une sortie en haute montagne, une randonnée hivernale... Le mot n'a aucun sens de compétition.

CRAMPONS : Équipement à fixer sous la chaussure de montagne, constitué d'une semelle métallique (acier, alu...) et de pointes longues. Il permet la progression sur des pentes abruptes, en neige dure ou en glace.

CREVASSE : Faille que le glacier ouvre quand il rencontre une différence de pente. Elle peut être plus ou moins large, ouverte ou couverte, masquée par un pont de neige.

DÉNIVELÉ POSITIF ET NÉGATIF : Différence entre le point haut et le point bas. Elle détermine en partie la difficulté de la randonnée.

DÉVISSAGE : Terme d'alpinisme qui désigne une chute, sur glacier ou rocher.

EXPOSITION : Se dit de l'orientation d'un versant. Exposition sud ou nord, laquelle vous renseigne, en hiver notamment, sur la possible qualité du manteau neigeux. « Exposé », se dit aussi d'un passage dangereux, dans une pente abrupte.

GR® : Sentier de Grande Randonnée (trait blanc et trait rouge en dessous).

FRONTALE : Lampe légère, avec alimentation autonome, portée sur le front (ou accrochée à un casque). De nuit, elle permet une progression relativement confortable (grande portée), tout en gardant l'usage des mains.

HYPOTHERMIE : Baisse de la température corporelle. Le corps est incapable de maintenir les 37° habituels. Entre 37 et 35°, on parle aussi de normothermie. En dessous de 32°, les conséquences peuvent être fatales. A contrario, l'hyperthermie traduit une hausse de la température corporelle, suite à des chaleurs importantes, un effort et une hydratation insuffisante. Tout aussi grave !

LAPIAZ : Terrain typiquement calcaire provoqué par l'écoulement des eaux. Une fente se forme alors, plus ou moins profonde.

LYOPHILISÉ : Nourriture déshydratée (par sublimation à basse température). Sa conservation facile (sous vide) et son poids en font un produit apprécié des longues randos autonomes.

MAIN COURANTE : Pose d'une corde qui permet de sécuriser un passage délicat.

MAL AIGU DES MONTAGNES (MAM) : Syndrome rencontré à haute altitude et provoqué par la baisse de l'apport en oxygène dans le sang. L'hypoxie peut provoquer des symptômes divers, souvent anodins, mais plus graves aussi, comme l'œdème cérébral ou pulmonaire.

MARCHE D'APPROCHE : Chemin emprunté pour atteindre la portion technique d'une ascension.

MORAINE : Amas de blocs, de pierres, de sables, déplacés par le glacier. Elle peut être latérale ou frontale.

MOUSQUETON : Anneau métallique, avec système d'ouverture et de fermeture rapide, à virole ou automatique. Sert à relier la corde et un point fixe (sangle, broche à glace…).

NÉVÉ : Plaque de neige résiduelle. Plus ou moins pentu, il peut être un passage délicat nécessitant la pose d'une main courante.

PASSAGE À GUÉ : Point de franchissement d'une rivière où la profondeur de l'eau est minimale.

PIOLET : Outil de progression en alpinisme et randonnée glaciaire. Il est constitué d'un manche métallique (aluminium, acier…), avec une pointe à l'extrémité basse. Sa tête se compose d'une pointe dentée qui permet de s'ancrer dans la neige ou la glace, et de l'autre côté d'une panne, utile pour tailler des marches.

RIMAYE : Zone de creuasse entre la paroi rocheuse et le glacier lui-même. Ouverte ou fermée, elle peut modifier sensiblement la difficulté d'une randonnée glaciaire.

SANGLE : Boucle de tissu qui sert à poser un point d'assurance, une main courante entre autres.

SÉRAC : Bloc de glace provoqué par le mouvement du glacier, lorsque celui-ci rencontre une rupture de pente. La chute de séracs est à l'origine de plusieurs accidents fatals tous les ans. Cet écroulement est imprévisible.

SONDE : (associée à la pelle et l'ARVA) Tige de métal pliante, permettant de rechercher une victime enfouie sous la neige.

SYNCLINAL : Repli sédimentaire tourné vers le bas, les couches les plus jeunes au centre.

TALWEG : Ligne reliant les points les plus bas d'une vallée, le long d'un torrent par exemple.

TREKKING : Se dit d'une randonnée longue, dans des pays plus ou moins lointains.

UBAC : Voir adret.

VIA FERRATA : À l'origine, il s'agissait de chemins métalliques (échelles, câbles…), mis en place par l'armée italienne, et permettant la progression dans les grandes faces dolomitiques. La via ferrata est aujourd'hui une activité à part entière, avec des techniques propres et un matériel adapté.

VIRE : Terrasse plus ou moins horizontale (rocher ou herbe) dans une face ou un versant abrupt.

Bibliographie

LA MÉTÉO DE MONTAGNE
par Jean-Jacques Thillet `
Éditions du Seuil – Guides Caf

Un ouvrage très pédagogique et des chapitres essentiels sur la « lecture » du ciel, ses signes avant-coureurs...

S'ORIENTER
par Jean-Marc Lamory
Éditions Libris, IGN Pratique

Pour tout savoir de la carte et de la boussole, indispensable. Du même auteur (même collection), « Randonner ».

LA RANDONNÉE DE A À Z
par Jean-Marc Aubry
Éditions Guérin

Un regard plein d'humour et de distance sur votre activité favorite.

AVALANCHES
par François Sivardière
Éditions Glénat

Conseiller technique à la FFME, l'auteur explique les différents mécanismes de l'avalanche... et les moyens d'en limiter les risques.

LA MARCHE SPORTIVE
par Michel Delore
Éditions Amphora

La randonnée est (aussi) une pratique sportive. Entraînement, préparation musculaire, nutrition... pour être au mieux de sa forme !

LES MOTS DE LA MONTAGNE
par Sylvain Jouty
Éditions Belin

Un vrai dictionnaire, qui revisite le vocabulaire montagnard. Quant à l'auteur, il est l'un des plus fins connaisseurs du milieu.

ABC RANDO
par Marie-Luce Frescurat et Michel Poirrier
Éditions Libris

Parce que la rando peut aussi se pratiquer en fauteuil, en joëlette... Trente balades qui ouvrent le paysage aux moins valides.

MARCHER POUR SON BIEN-ÊTRE
WALKING ET NORDIC-WALKING
par Dr. K. Bös – C. Rostani
Éditions Amphora